W0241147

Découvertes

Cadet

Grammatisches Beiheft

2

von
Dieter Kunert und
Wolfgang Spengler

unter Mitarbeit von
Marlène Cloßen

weitere Mitarbeit
Monika Beutter
Michette Eyser
Heiko Glückher
Brigitte Wagner

Ernst Klett Verlag
Stuttgart · Leipzig

Vorwort

Ich heiße *Paulette*.
Gemeinsam mit meinen Freunden *Amandine* und *Théo* sowie meinem Bruder *Paul* begleite ich dich durch dieses Grammatische Beiheft.

Lies dir die folgenden Hinweise aufmerksam durch, dann findest du dich bestens zurecht.

Viele Grammatikkapitel sind ähnlich aufgebaut:

Wiederholung: Hier wird an bereits bekannten Stoff angeknüpft.

NEU Hier wird mit **Beispielen** ein **neues grammatisches Thema** vorgestellt.
Aus den Beispielen kannst du meist schon selbst die **Regel** ableiten.

R Hier folgt nun die **Regel**.
Lies sie gut durch und schau dir noch einmal die Beispiele an.

„Was fällt dir auf?“ Hier kannst du selbst wichtige Besonderheiten entdecken.

Hier erfährst du, wie ein **neuer Grammatikbegriff auf Französisch** heißt.

Hier geht das Grammatikkapitel auf der nächsten Seite weiter. **Blättere** bitte **um**.

Alles klar? Am Ende jeder Lektion kannst du dich in der Rubrik **„Alles klar?“ selbst testen**.

Und hier gibt es weitere nützliche Hilfen:

- Im **Inhaltsverzeichnis** (S. 3–4) steht, welches Grammatikkapitel in den Lektionen behandelt wird.
- In ***Zoom sur la grammaire*** (S. 5–7) findest du den wichtigsten Grammatikstoff aus dem ersten Band.
- In den **Lösungen** (S. 69–73) kannst du kontrollieren, ob du die Aufgaben von **„Alles klar“** richtig gelöst hast.
- In den ***Révisions*** (S. 74–83) kannst du bestimmte grammatische Schwerpunkte noch einmal auf einen Blick nachschlagen.
- Du verstehst einen grammatischen Begriff nicht? Kein Problem! Im **Verzeichnis der grammatischen Begriffe** (S. 84–87) werden alle Begriffe erklärt.
- Nachschlagen? Nichts einfacher als das! Das **Stichwortverzeichnis** (S. 88–89) zeigt dir, in welchem Kapitel das Grammatikthema behandelt wird.

Inhaltsverzeichnis

Seite

Inhaltsverzeichnis

Erinnerst du dich noch an die Merksprüche aus dem ersten Heft?
Schau dir die Seiten 6 und 7 an und finde heraus, auf welches Grammatikkapitel sich welcher Spruch bezieht. (Nicht zu allen Kapiteln gibt es einen Spruch!)
Notiere auf einem Zettel, was zusammengehört.
Die Lösungen findest du auf S. 69.

(1)
Der Bau des Satzes ist perfekt,
wenn **„direkt"** steht vor **„indirekt"**!

(2)
l'-Apostroph steht **vor Vokal**,
ob **männlich**, **weiblich**, ganz egal!

(3)
Setz beim Verb ein **-s** bei ***tu***,
das kostet wirklich keine Müh!

(4)
Statt „**er**, **sie**, **es**"
nur „**il**" und „**elle**".
Das ist praktisch!
Merk's dir schnell!

(5)
Vergiss bei **weiblich** nie das ***-e***,
denn ohne ***-e***, das tut so weh!

(6)
Aller – das ist ein Teufelswort.
Lern's gut, es wird sich lohnen!
Setz ***à*** und ***au(x)*** dazu beim Ort
und ***chez*** nur bei Personen!

(7)
Mon, ton, son
vor „stummem h"
und vor Vokal,
ob männlich, weiblich,
ganz egal!

(8)
le und ***la*** gibt Plural ***les***,
un und ***une*** gibt Plural ***des***,
doch schreibst du Nomen, wird es Mist,
wenn du das **Plural-s** vergisst.

La prof de français
raconte
beaucoup d'histoires
intéressantes
aux élèves.

a — Die Artikel

un prof / une prof → des profs

le prof / la prof → les profs

⚠ l'élève — les‿élèves

b — Die Personalpronomen und die regelmäßigen Verben auf *-er*

raconter

je raconte	**nous** racont**ons**
tu racont**es**	**vous** racont**ez**
il/elle/on raconte	**ils/elles** racont**ent**

Imperativ:
Racont**e**. / Racont**ons**. / Racont**ez**.

⚠ **j'é**coute

c — Direktes und indirektes Objekt

raconter **qc**
raconter **qc à qn**

⚠ La prof raconte **des histoires aux élèves**.

d — Mengenangaben

beaucoup d'histoire**s**
pas de musique
peu de livre**s**
trop de gâteau
un **paquet de** croquette**s**

e — Die Adjektive

un livre	intéressant
une histoire	intéressant**e**
des livre**s**	intéressant**s**
des histoire**s**	intéressant**es**

⚠ Stellung:
un **grand** livre **intéressant**

f — Die Verschmelzung

à + **le** → **au**
à + **les** → **aux**

de + **le** → **du**
de + **les** → **des**

Il est déjà **4 heures**.

Pourquoi est-ce que les élèves **ne veulent pas rentrer**?

Ils adorent les histoires de **leur** prof.

Die Uhrzeit (g)

Il est **trois** heures.
Il est trois heures **et quart**.
Il est trois heures **et** demie.
Il est quatre heures **moins le quart**.
Il est cinq heures **sept**.
Il est six heures **moins deux**.
Il est **vingt-deux** heures.
Il est **midi**.
Il est **minuit**.

Fragen (h)

Les élèves rentrent**?**

Est-ce que les élèves rentrent?
Pourquoi est-ce qu'ils rentrent?
Quand est-ce qu'ils rentrent?
Comment est-ce qu'ils rentrent?
Où est-ce qu'ils vont?
Qu'est-ce qu'ils vont faire?

La prof, **qui est-ce?**
Qui est la prof?
Où est la prof?
Que fait la prof?

Unregelmäßige Verben (i)

vouloir

je **veux**	nous **voulons**
tu **veux**	vous **voulez**
il/elle/on **veut**	ils/elles **veulent**

Weitere unregelmäßige Verben s. S. 82.

Die Verneinung (j)

Il	**ne**	joue	**pas.**
Il	**n'**	écoute	**pas.**
Il	**ne**	travaille	**plus.**
Il	**ne**	parle	**jamais.**
Il	**ne**	mange	**rien.**

Infinitivanschlüsse (k)

je **vais rentrer** = Futur composé
je **ne** vais **pas** rentrer
je **veux rentrer**
je **peux rentrer**
je **sais parler** français

Die Possessivbegleiter (l)

ein „Besitzer"		
mon / **ton** / **son** frère	**ma** / **ta** / **sa** sœur	**mes** / **tes** / **ses** frères / sœurs
⚠ **mon** / **ton** / **son**‿affiche / ‿histoire		

mehrere „Besitzer"	
notre / **votre** / **leur** frère / sœur	**nos** / **vos** / **leurs** frères / sœurs

LEÇON 1

A G1 Die Verben auf „-dre": Präsens – *Les verbes en «-dre» au présent*

Du weißt, dass es im Französischen (wie im Englischen) regelmäßige und unregelmäßige Verben gibt. Eine Gruppe regelmäßiger Verben kennst du schon: die „Verben auf *-er*".
Sie heißen so, weil sie im Infinitiv auf *-er* enden. Hier ein Beispiel zur Erinnerung:

chercher – suchen
je cherch**e**, tu cherch**es**, il cherch**e**, nous cherch**ons**, vous cherch**ez**, ils cherch**ent**

Die Endungen im Präsens lauten also: *-e, -es, -e, -ons, -ez, -ent.*
Nur die Endungen *-ons* [õ] und *-ez* [e] werden ausgesprochen.

NEU Nun lernst du eine weitere Gruppe regelmäßiger Verben kennen: die „Verben auf *-dre*".
Sie heißen so, weil sie im Infinitiv auf *-dre* enden.

	répondre	[ʀepõdʀ]	**antworten**		
je	répon**ds**	[ʒəʀepõ]	ich antworte	**Imperativ:**	
tu	répon**ds**	[tyʀepõ]	du antwortest	Répond**s**.	Antworte!
il / elle / on	répon**d**	[ilʀepõ] [ɛlʀepõ] [õʀepõ]	er / sie / man antwortet	Répond**ons**.	Antworten wir!
nous	répond**ons**	[nuʀepõ**dõ**]	wir antworten	Répond**ez**.	Antwortet!/ Antworten Sie!
vous	répond**ez**	[vuʀepõ**de**]	ihr antwortet		
ils / elles	répond**ent**	[ilʀepõ**d**] [ɛlʀepõ**d**]	sie antworten		

le présent – das Präsens – die Gegenwart

	attendre	[atɑ̃dʀ]	**warten**	**Imperativ:**	
j'	atten**ds**	[ʒatɑ̃]	ich warte	Atten**ds**.	Warte!
tu	atten**ds**	[tyatɑ̃]	du wartest	Atten**dons**.	Warten wir!
il / elle / on	atten**d**	[ilatɑ̃] [ɛlatɑ̃] [ɔ̃**n**atɑ̃]	er / sie / man wartet	Atten**dez**.	Wartet!/ Warten Sie!
nous	atten**dons**	[nuzatɑ̃**dɔ̃**]	wir warten		
vous	atten**dez**	[vuzatɑ̃**de**]	ihr wartet		
ils / elles	atten**dent**	[ilzatɑ̃**d**] [ɛlzatɑ̃**d**]	sie warten		

R Die Verben auf ***-dre*** haben im Präsens die Endungen ***-s, -s, -d, -ons, -ez, -ent***. Das ***-d* des Infinitivs** *(répon**d**re, atten**d**re)* wird nur in den Pluralformen ausgesprochen. Von den **Endungen** werden nur ***-ons*** [-ɔ̃] und ***-ez*** [-e] ausgesprochen.

-s	***-ons***
-s	***-ez***
-d	***-ent***

Konjugiere aus dieser Gruppe ebenso: ***perdre*** (verlieren), ***vendre*** (verkaufen), ***entendre*** (hören).

Was fällt dir noch bei der Aussprache auf?

il répond	[ilʀepɔ̃]	il attend	[ilatɑ̃]
elle répond	[ɛlʀepɔ̃]	elle attend	[ɛlatɑ̃]
ils répondent	[ilʀepɔ̃**d**]	il**s‿a**ttendent	[il**z**atɑ̃**d**]
elles répondent	[ɛlʀepɔ̃**d**]	elle**s‿a**ttendent	[ɛl**z**atɑ̃**d**]

Im Gegensatz zur 3. Person Singular [ʀepɔ̃] wird das [d] in der 3. Person Plural ausgesprochen [ʀepɔ̃**d**].
Achte auch auf die Bindung, wenn die Verben mit Vokal beginnen: il**s‿a**ttendent.

G 2 Das Verb „dire" – *Le verbe «dire»*

Mit ***dire*** lernst du ein weiteres unregelmäßiges Verb kennen.

	dire	[diʀ]	**sagen**
je	dis	[ʒədi]	ich sage
tu	dis	[tydi]	du sagst
il / elle / on	dit	[ildi] / [ɛldi] / [õdi]	er / sie / man sagt
nous	disons	[nudizõ]	wir sagen
vous	**dites**	[vudit]	ihr sagt
ils / elles	disent	[ildiz] / [ɛldiz]	sie sagen

Dire, *écrire* und *lire* haben im Singular dieselben Endungen: **-s**, **-s**, **-t**!

Imperativ:

Dis.	Sag!
Disons.	Sagen wir!
Dites.	Sagt!/ Sagen Sie!

Präge dir die Form ***vous dites*** über einen Merksatz ein.

Merksatz:
Vous dites, vous êtes,
vous faites,
es gibt nicht mehr:
Wir sind **komplett**!

G3 Die Zahlen von 70 bis 100 – *Les nombres de 70 à 100*

Du kennst bereits die Zahlen von **1 bis 69**. Du kannst sie auf S. 79 nachschlagen.

NEU Jetzt lernst du die Zahlen von **70** bis **100** kennen.

70	**soixante-dix**	**80**	**quatre-vingts** [katʀəvɛ̃]	**90**	**quatre-vingt-dix**
71	**soixante et onze**	**81**	**quatre-vingt-un** [katʀəvɛ̃ɛ̃]	**91**	**quatre-vingt-onze**
72	**soixante-douze**	**82**	**quatre-vingt-deux**	**92**	**quatre-vingt-douze**
73	**soixante-treize**	**83**	**quatre-vingt-trois**	**93**	**quatre-vingt-treize**
74	**soixante-quatorze**	**84**	**quatre-vingt-quatre**	**94**	**quatre-vingt-quatorze**
75	**soixante-quinze**	**85**	**quatre-vingt-cinq**	**95**	**quatre-vingt-quinze**
76	**soixante-seize**	**86**	**quatre-vingt-six**	**96**	**quatre-vingt-seize**
77	**soixante-dix-sept**	**87**	**quatre-vingt-sept**	**97**	**quatre-vingt-dix-sept**
78	**soixante-dix-huit**	**88**	**quatre-vingt-huit**	**98**	**quatre-vingt-dix-huit**
79	**soixante-dix-neuf**	**89**	**quatre-vingt-neuf**	**99**	**quatre-vingt-dix-neuf**
				100	**cent** [sɑ̃]

R Die Zahl **71** wird wie die Zahlen 21, 31, 41, 51 und 61 mit ***et*** gebildet.
Alle anderen Zahlen von 17 bis 99 verbinden Zehner und Einer mit einem **Bindestrich**.*
Die Zahlen **70 bis 79** werden folgendermaßen gebildet: 60+10, 60+11, 60+12 usw.
Die Zahl **80** entspricht 4x20.
Die Zahlen **81 bis 99** werden folgendermaßen gebildet: 80+1, 80+2, … 80+11 usw.

* In Frankreich wird auch das ***et*** häufig mit Bindestrich geschrieben: ***soixante-et-onze***.
Das zählt in der Schule nicht als Fehler.

Was fällt dir auf?

quatre-vingt**s** élèves

quatre-vingt -douze élèves

Quatre-vingts verliert das ***-s***, wenn eine weitere Zahl folgt.

B

G4 Die Verben „appeler", „acheter" und „envoyer"

Les verbes «appeler», «acheter» et «envoyer»

Die Verben ***appeler, acheter*** und ***envoyer*** sind Verben auf ***-er***. Sie haben aber Besonderheiten.

	appeler	[aple]	**rufen/anrufen**	**Imperativ:**	
j'	appelle	[ʒapɛl]	ich rufe (an)	Appelle.	Ruf (an)!
tu	appelles	[tyapɛl]	du rufst (an)	Appelons.	Rufen wir (an)!
il / elle / on	appelle	[ilapɛl] [ɛlapɛl] [õnapɛl]	er / sie / man ruft (an)	Appelez.	Ruft/ Rufen Sie (an)!
nous	appelons	[nuzaplõ]	wir rufen (an)		
vous	appelez	[vuzaple]	ihr ruft (an)		
ils / elles	appellent	[ilzapɛl] [ɛlzapɛl]	sie rufen (an)		

Achte hier auf das **doppelte -ll-** im Singular und in der 3. Person Plural.

	acheter	[aʃte]	**kaufen**	**Imperativ:**	
j'	achète	[ʒaʃɛt]	ich kaufe	Achète.	Kauf!
tu	achètes	[tyaʃɛt]	du kaufst	Achetons.	Kaufen wir!
il / elle / on	achète	[ilaʃɛt] [ɛlaʃɛt] [õnaʃɛt]	er / sie / man kauft	Achetez.	Kauft!/ Kaufen Sie!
nous	achetons	[nuzaʃtõ]	wir kaufen		
vous	achetez	[vuzaʃte]	ihr kauft		
ils / elles	achètent	[ilzaʃɛt] [ɛlzaʃɛt]	sie kaufen		

Achte hier auf das **-è- (mit accent grave)** im Singular und in der 3. Person Plural.

	envoyer	[ɑ̃vwaje]	**schicken**	**Imperativ:**	
j'	envoie	[ʒɑ̃vwa]	ich schicke	Envoie.	Schicke!
tu	envoies	[tyɑ̃vwa]	du schickst	Envoyons.	Schicken wir!
il / elle / on	envoie	[ilɑ̃vwa] [ɛlɑ̃vwa] [õnɑ̃vwa]	er / sie / man schickt	Envoyez.	Schickt!/ Schicken Sie!
nous	envoyons	[nuzɑ̃vwajõ]	wir schicken		
vous	envoyez	[vuzɑ̃vwaje]	ihr schickt		
ils / elles	envoient	[ilzɑ̃vwa] [ɛlzɑ̃vwa]	sie schicken		

Achte hier auf das **-i-** im Singular und in der 3. Person Plural.

G5 Das Verb „commencer" – *Le verbe «commencer»*

Erinnerst du dich, dass du bei den Verben ***manger***, ***bouger*** und ***changer*** eine Besonderheit beachten musst? Um die Aussprache **[ʒ]** zu erhalten, muss man bei der 1. Person Plural *(nous)* ein ***-e-*** einschieben: nous *mang**e**ons* [mɑ̃**ʒ**ɔ̃], nous *chang**e**ons* [ʃɑ̃**ʒ**ɔ̃].

NEU Bei ***commencer*** (beginnen, anfangen) musst du eine ähnliche Besonderheit beachten:

	commencer	[kɔmɑ̃se]	**anfangen**
je	commence	[ʒəkɔmɑ̃s]	ich fange an
nous	commen**ç**ons	[nukɔmɑ̃**s**ɔ̃]	wir fangen an
ils / elles	commencent	[ilkɔmɑ̃s] [ɛlkɔmɑ̃s]	sie fangen an

Setze bei der 1. Person Plural *(nous)* beim **-c-** eine ***cédille***, damit die Aussprache **[s]** erhalten bleibt!

Es gibt eine generelle Regel:
-c- spricht man **[s]** vor **-e-** und **-i-**, z. B.: **c**entre, **c**inéma,
-c- spricht man **[k]** vor **-a-**, **-o-**, **-u-**, z. B.: **c**adeau, **c**oller, **c**uisine.
Schreibe also **vor -a-**, **-o-**, **-u-** das **-c-** immer mit ***cédille* (ç)**,
wenn es wie **[s]** ausgesprochen wird.

G 6 Die Passé composé (I): mit „avoir" – *Le passé composé avec «avoir»*

Bisher hast du im Französischen zwei Zeiten kennen gelernt:
das **Präsens** (Gegenwart) und das ***Futur composé*** („zusammengesetzte Zukunft").

Aujourd'hui,	je		**joue**	au tennis.	**Heute**	**spiele** ich Tennis.	**Präsens**
Demain,	je	**vais**	**jouer**	aux boules.	**Morgen**	**werde** ich Boules **spielen**.	**Futur composé**

NEU Nun lernst du eine weitere Zeit kennen, das ***Passé composé*** („zusammengesetzte Vergangenheit"). Damit kannst du erzählen, was in der **Vergangenheit** passiert ist.

Hier,	j'	**ai**	**joué**	au foot.	**Gestern**	**habe** ich	Fußball **gespielt.**	**Passé composé**
	tu	**as**				**hast** du		
	il/elle/on	**a**				**hat** er/sie/man		
	nous	**avons**				**haben** wir		
	vous	**avez**				**habt** ihr		
	ils/elles	**ont**				**haben** sie		

R Das ***Passé composé*** der meisten Verben setzt sich aus einer Präsensform des Hilfsverbs ***avoir*** und dem ***Participe passé*** (Partizip Perfekt) des Verbs zusammen.

Das ***Passé composé*** im Überblick:

Ils	**ont**		**joué.**		
	↑		↑		
	Hilfsverb	+	**Participe passé**	=	**Passé composé**

le participe passé – das Partizip Perfekt = das Mittelwort der Vergangenheit
(Im Deutschen sind dies Formen wie z. B.: gespielt, gesehen, gefunden, gekauft.)

G 7 Die Bildung des Participe passé (I): Verben auf „-er" und „faire"
La formation du participe passé: verbes en «-er» et «faire»

1. Schau dir an, wie das ***Participe passé*** der Verben auf ***-er*** gebildet wird:

téléphon**er**	→	Hier, Estelle	a **téléphoné**	[telefɔne]	à sa mère.	Gestern hat Estelle mit ihrer Mutter telefoniert.
envoy**er**	→	Puis, elle	a **envoyé**	[ɑ̃vwaje]	des photos à une copine.	Dann hat sie einer Freundin Fotos geschickt.

R 1 Die Verben auf ***-er*** bilden das ***Participe passé*** auf ***-é***.

Was fällt dir auf? Achte auf Schreibung und Aussprache.

J'ai	travaill**é**.	[travaje]	Ich habe gearbeitet.
Je vais	travaill**er**.	[travaje]	Ich werde arbeiten.
Vous	travaill**ez**.	[travaje]	Ihr arbeitet. / Sie arbeiten.

Bei den Verben auf ***-er*** gibt es in der Aussprache keinen Unterschied zwischen Participe passé, Infinitiv und 2. Person Plural. Pass also gut bei der Schreibung auf!

Das *Participe passé* der regelmäßigen Verben auf ***-dre*** lernst du in Lektion 2 kennen.

2. Die **unregelmäßigen** Verben haben auch **unregelmäßige** Formen im *Participe passé*. Du musst sie dir einzeln einprägen. Hier lernst du zunächst das ***Participe passé*** von ***faire*** (machen) kennen.

faire	Estelle	a **fait**	[fɛ]	du vélo avec Léa.	Estelle ist mit Léa Rad gefahren.

R 2 Das ***Participe passé*** von ***faire*** ist ***fait***.

Das *Participe passé* weiterer unregelmäßiger Verben lernst du in Lektion 2 kennen.

Alles klar?

1. *Setze die richtige* **Verbform** *im Präsens ein.*

a – Tu *(vendre)* tes CD, Victor? Alors, j' *(acheter)* le CD avec le rap sur Paris.

b – J' *(appeler)* Emma et Léa sur mon portable. Mais elles ne *(répondre)* pas.
– Elles n' *(entendre)* rien. Elles jouent au tennis.

c – Qu'est-ce que nous *(attendre)*? Nous *(perdre)* notre temps.
– Oui, nous *(commencer)* tout de suite à jouer.

d – Vous *(comprendre)* l'allemand?
– Non, je ne *(comprendre)* rien. J' *(apprendre)* l'anglais.

e – *(Attendre)*, monsieur le professeur, j' *(envoyer)* un SMS à mes parents.
– C'est bizarre, les jeunes n' *(envoyer)* plus de cartes postales.

f – Qu'est-ce que vous *(dire)*?
– Je ne *(dire)* rien.

g – Vous *(attendre)* les filles?
– Oui, elles *(acheter)* des souvenirs.

h – Allons au cinéma mais *(changer)* d'abord de vêtements.
– Et qu'est-ce qu'elles *(dire)*, tes copines?

2. *Schreibe die* **Zahlen** *in Ziffern in dein Heft.*

a quatre-vingt-neuf
b soixante et onze
c quatre-vingt-onze
d cent
e soixante-quatorze
f quatre-vingt-dix-sept
g quatre-vingts
h quatre-vingt-un

3. *Setze folgende Sätze ins* ***Passé composé***.

a Je regarde la nature.
b Nous jouons au foot.
c Tu rigoles.
d Vous faites du canoë.
e Nous achetons des cadeaux.
f Tu commences à danser.
g Elle raconte une histoire.
h On fait des découvertes.

4. *Welche Aussage stimmt? Verbessere die falschen Aussagen.*

a Bei den Verben auf ***-dre*** wird das ***-d-*** des Infinitivs nur in den Singularformen ausgesprochen.
b ***Dire***, ***écrire*** und ***lire*** haben im Singular dieselben Endungen ***-s***, ***-s***, ***-t***.
c Das ***Passé composé*** der meisten Verben wird gebildet aus einer Präsensform des Hilfsverb ***avoir*** und dem Infinitiv.
d Die Verben auf ***-er*** bilden das ***Participe passé*** auf ***-ez***.

Die Lösungen zu den Fragen findest du auf S. 69.

A

G 8 Die Bildung des Participe passé (II): Verben auf „-dre" und unregelmäßige Verben
La formation du participe passé: verbes en «-dre» et verbes irréguliers

In G 6 und G 7 hast du das ***Passé composé* mit *avoir*** und die **Bildung des *Participe passé*** bei den Verben auf ***-er*** kennen gelernt. Du kannst nun Dinge erzählen, die sich in der Vergangenheit abgespielt haben. Erinnere dich:

1. Das ***Passé composé*** mit ***avoir:***

Ils **ont** **joué.**

Hilfsverb + Participe passé = Passé composé

2. Die Bildung des ***Participe passé*** der Verben auf ***-er:***

Infinitiv		Participe passé		Passé composé	
téléphon**er**	→	**téléphoné**	[telefɔne]	J'**ai téléphoné** à Emma.	Ich habe Emma angerufen.

NEU **1.** Nun lernst du die Bildung des ***Participe passé*** der regelmäßigen Verben auf ***-dre*** kennen. Hierzu gehören *atten**dre*** (warten), *enten**dre*** (hören), *per**dre*** (verlieren), *répon**dre*** (antworten) und *ven**dre*** (verkaufen). (→ G 1)

Infinitiv		Participe passé		Passé composé	
atten**dre**	→	**attendu**	[atɑ̃dy]	Nous **avons attendu** Emma.	Wir haben auf Emma gewartet.
per**dre**	→	**perdu**	[pɛʀdy]	Elle **a perdu** son portable.	Sie hat ihr Handy verloren.

R Die regelmäßigen Verben auf ***-dre*** bilden das ***Participe passé*** auf ***-u.***

2. Du hast auch schon das ***Participe passé*** des unregelmäßigen Verbs ***faire*** kennen gelernt.

Infinitiv		Participe passé		Passé composé	
faire	→	**fait**	[fɛ]	Vous **avez fait** du vélo?	Seid ihr Rad gefahren?

Hier nun eine Übersicht über die ***Participe passé***-Formen von unregelmäßigen Verben, die du bisher gelernt hast bzw. in dieser Lektion lernen wirst.
Diese Formen musst du einfach auswendig lernen, man kann sie nicht ableiten.

être	j'ai **été**		[ete]
avoir	j'ai **eu**	**-u**	[y]
savoir	j'ai **su**	**-u**	[sy]
pouvoir	j'ai **pu**	**-u**	[py]
vouloir	j'ai **voulu**	**-u**	[vuly]
voir	j'ai **vu**	**-u**	[vy]
pleuvoir	il a **plu**	**-u**	[ply]
lire	j'ai **lu**	**-u**	[ly]

dire	j'ai **dit**	**-t**	[di]
écrire	j'ai **écrit**	**-t**	[ekʀi]
faire	j'ai **fait**	**-t**	[fɛ]
mettre	j'ai **mis**	**-is**	[mi]
prendre	j'ai **pris**	**-is**	[pʀi]
comprendre	j'ai **compris**	**-is**	[kõpʀi]
apprendre	j'ai **appris**	**-is**	[apʀi]
ouvrir	j'ai **ouvert**	**-ert**	[uvɛʀ]

Du kannst nachschlagen: Auf den Seiten 80–83 findest du regelmäßige und unregelmäßige Verben mit ihren *Participe passé*-Formen im Überblick.

G9 Das Verb „mettre" – *Le verbe «mettre»*

	mettre	[mɛtʀ]	**setzen/stellen/legen/ anziehen/(Tisch) decken**
je	**mets**	[ʒəmɛ]	ich setze
tu	**mets**	[tymɛ]	du setzt
il	**met**	[ilmɛ]	er setzt
elle	**met**	[ɛlmɛ]	sie setzt
on	**met**	[õmɛ]	man setzt
nous	**mettons**	[numɛtõ]	wir setzen
vous	**mettez**	[vumɛte]	ihr setzt
ils	**mettent**	[ilmɛt]	sie setzen
elles	**mettent**	[ɛlmɛt]	sie setzen

Passé composé:

j'ai **mis**	ich habe gesetzt

Imperativ:

Mets …	Setz …!
Mettons …	Setzen wir …!
Mettez …	Setzt …!/ Setzen Sie …!

G 10 Die Zahlen von 101 bis 1000 – *Les nombres de 101 à 1000*

Du kennst bereits die Zahlen von **1 bis 100**. Du kannst sie auf S. 79 nachschlagen.

NEU Nun lernst du die Zahlen von **101** bis **1000** kennen.

100	**cent**	[sɑ̃]	**500**	cinq cent**s**	[sɛ̃sɑ̃]
101	cent un	[sɑ̃ɛ̃]	**600**	six cent**s**	[sisɑ̃]
200	deux cent**s**	[døsɑ̃]	**700**	sept cent**s**	[sɛtsɑ̃]
201	deux cent **un**	[døsɑ̃ɛ̃]	**800**	huit cent**s**	[ɥisɑ̃]
202	deux cent **deux**	[døsɑ̃dø]	**900**	neuf cent**s**	[nœfsɑ̃]
223	deux cent **vingt-trois**	[døsɑ̃vɛ̃tʀwa]	**1000**	**mille**	[mil]

R Ab 100 werden die Einer und Zehner nicht mehr mit Bindestrich angeschlossen*.
Ab 200 haben die glatten Hunderter ein ***-s***: *deux cents.*
Wenn noch eine Zahl folgt, hat ***cent*** kein ***-s***: *deux cent six.*

* Es gilt auch hier, dass in Frankreich häufig alle Zahlen mit Bindestrich geschrieben werden, z. B.: *deux-cent-soixante-et-onze*. Das zählt in der Schule nicht als Fehler.

B G 11 Die Verneinung – *La négation*

Du hast schon verschiedene Verneinungen kennen gelernt.
Die Verneinungswörter umklammern immer die konjugierte Form des Verbs.

Léa	**n'**	**est**	**pas**		contente.	Léa ist nicht glücklich.
Elle	**ne**	**joue**	**plus**		avec son chien.	Sie spielt nicht mehr mit ihrem Hund.
Elle	**ne**	**fait**	**plus**		**de** musique.	Sie macht keine Musik mehr.
Elle	**ne**	**veut**	**rien**	**dire.**		Sie will nichts sagen.
Elle	**n'**	**a**	**jamais**	**parlé**	de son problème.	Sie hat nie(mals) ... gesprochen.
	Ne	**rigolez**	**pas**		de Léa.	Lacht nicht über Léa.
Elle	**ne**	**veut**	**pas**	**quitter**	Toulouse.	Sie will Toulouse nicht verlassen.

NEU Jetzt lernst du weitere Verneinungen kennen. Schau dir die Beispielsätze an:

Elle	**ne**	**veut**	**pas non plus**	**quitter**	ses copains.	Sie will auch ihre Freunde nicht verlassen.
Elle	**n'**	**a**	**pas du tout**		envie de déménager à Paris.	Sie hat überhaupt keine Lust, nach Paris zu ziehen.
Elle	**n'**	**a**	**pas encore**	**trouvé**	de solution.	Sie hat noch keine Lösung gefunden.

R Auch die Verneinungswörter ***ne … pas non plus***, ***ne … pas du tout*** und ***ne … pas encore*** umklammern die konjugierte Form des Verbs.

Im ***Passé composé*** umklammern sie, wie die anderen Verneinungswörter, das **Hilfsverb**: *Elle **n'a pas encore** trouvé …*

Schau dir noch einmal an, wie Théo in der Zeichnung gegenüber antwortet.
Achte auf die Verneinung. Was fällt dir auf?

Richtig! In verkürzten Sätzen ohne Verb fällt das ***ne*** weg.

Hier einige nützliche Kurzformen:

Moi non plus!	Ich auch nicht!	**Pas du tout!**	Überhaupt nicht!
Pas encore!	Noch nicht!	**Rien!**	Nichts!
Pas maintenant!	Nicht jetzt!	**Jamais!**	Nie(mals)!

G 12 Das Verb „voir" – *Le verbe «voir»*

	voir	[vwaʀ]	**sehen**		
je	vois	[ʒəvwa]	ich sehe	**Passé composé:**	
tu	vois	[tyvwa]	du siehst	j'ai **vu**	ich habe gesehen
il / elle / on	voit	[ilvwa] / [ɛlvwa] / [õvwa]	er / sie / man sieht		
				Imperativ:	
nous	voyons	[nuvwajõ]	wir sehen	Vois	Sieh ...!
vous	voyez	[vuvwaje]	ihr seht	Voyons	Sehen wir ...!
ils / elles	voient	[ilvwa] / [ɛlvwa]	sie sehen	Voyez	Seht ...!/ Sehen Sie ...!

Alles klar?

1. *Bilde Sätze im* ***Passé composé****.*

Qu'est-ce que **tu as fait**? Qu'est-ce que tu **n'as pas fait**?

a vendre mon vélo
b écrire une carte postale
c perdre mon casque
d lire le journal
e être au cinéma
f attendre mes amis
g ne pas voir mes amis
h ne pas mettre la table
i ne pas vouloir regarder la télé
j ne pas ouvrir mon cahier de français
k ne pas apprendre le vocabulaire
l ne pas avoir envie de travailler

2. *Welche* ***Zahl*** *gehört zu welcher* ***Ziffer****?*

a soixante-dix-neuf
b quatre-vingt-treize
c huit cent quatre-vingt-huit
d mille
e huit cent quatorze
f deux cent soixante-trois
g quatre-vingt-dix-neuf
h trois cent trente-trois
i cent soixante et onze

?

333 343 161
93 83 814
171
840 79 99
69 888
263 273 840 1000

3. **Ne … pas encore, ne … pas non plus, ne … pas du tout***: Beantworte die Fragen zunächst mit der Kurzform, dann gib die Antwort in einem ganzen Satz.*

a – Tu as déjà vu le nouveau film à la Géode?
(noch nicht)
b – Je n'aime pas les copains de Léa. Et toi?
(auch nicht)
c – Ton copain aime le foot?
(überhaupt nicht)
d – Tu as déjà écrit la carte postale à ta mère?
(noch nicht)
e – Est-ce que les élèves ont compris la question?
(überhaupt nicht)
f – Je ne danse pas. Et toi?
(auch nicht)

Nun finde noch heraus, wie die richtige Antwort auf die Frage lautet:

Il est minuit! Tu travailles encore?
a Je ne travaille pas encore. b Je ne travaille plus. c Je ne travaille pas non plus.

Übersetze die Frage und die richtige Antwort ins Deutsche.

4. *Wie kann man in der Grammatik das unterstrichene Wort in dem folgenden Satz nennen?*

Je ne vais pas mettre la table.

a Infinitiv b Participe passé c konjugierte Form des Verbs d Imperativ

Die Lösungen zu den Fragen findest du auf S. 69.

LEÇON 3

A G 13 Die Verben auf „-ir" (Gruppe „sortir, partir, dormir")

Les verbes en «-ir» (groupe «sortir, partir, dormir»)

Du kennst die Gruppe der regelmäßigen „Verben auf ***-er***", wie z. B. *chanter* (singen):
je chant**e**, tu chant**es**, il chant**e**, nous chant**ons**, vous chant**ez**, ils chant**ent**; j'ai chant**é**

Du kennst auch die regelmäßigen „Verben auf ***-dre***" (→ G 1), wie z. B. *attendre* (warten):
j'attend**s**, tu attend**s**, il attend, nous attend**ons**, vous attend**ez**, ils attend**ent**, j'ai attend**u**

NEU Nun lernst du eine Gruppe regelmäßiger „Verben auf ***-ir***" kennen.
Sortir (hinausgehen), ***partir*** (weggehen/abfahren) und ***dormir*** (schlafen) gehören dazu.

Schau dir die Zeichnung an. Sie hilft dir, die folgenden Erklärungen besser zu verstehen.
Was macht Paulette mit dem Verb ***sortir***?

Richtig beobachtet! Paulette sägt die Endung des Infinitivs ab. Was vom Verb übrig bleibt, wenn man die Endung abtrennt, nennt man in der Grammatik „Stamm". Man unterscheidet also bei Verben zwischen **„Stamm"** und **„Endung"**.

1. Achte zunächst auf die **Endungen**.

	sortir	[sɔRtiR]	**hinausgehen**		
je	sors	[ʒəsɔR]	ich gehe hinaus	**Imperativ:**	
tu	sors	[tysɔR]	du gehst hinaus	Sors.	Geh hinaus!
il / elle / on	sort	[ilsɔR] [ɛlsɔR] [õsɔR]	er / sie / man geht hinaus	Sortons.	Gehen wir hinaus!
				Sortez.	Geht/Gehen Sie hinaus!
nous	sortons	[nusɔRtõ]	wir gehen hinaus		
vous	sortez	[vusɔRte]	ihr geht hinaus		
ils / elles	sortent	[ilsɔRt] [ɛlsɔRt]	sie gehen hinaus		

R 1 Die Verben auf ***-ir*** haben im Präsens die Endungen
-s, -s, -t, -ons, -ez, -ent.

-s	*-ons*
-s	*-ez*
-t	*-ent*

2. Nun denke an Paulettes Sägewerk. Wie sieht der Stamm ohne Endung aus?

	partir	[paʀtiʀ]	**weggehen/abfahren**		
je	**pars**	[ʒəpaʀ]	ich gehe weg	**Imperativ:**	
tu	**pars**	[typaʀ]	du gehst weg	**Pars.**	Geh weg!
il / elle / on	**part**	[ilpaʀ] [ɛlpaʀ] [õpaʀ]	er / sie / man geht weg	**Partons.**	Gehen wir weg!
				Partez	Geht/ Gehen Sie weg!
nous	**partons**	[nupaʀtõ]	wir gehen weg		
vous	**partez**	[vupaʀte]	ihr geht weg		
ils / elles	**partent**	[ilpaʀt] [ɛlpaʀt]	sie gehen weg		

	dormir	[dɔʀmiʀ]	**schlafen**		
je	**dors**	[ʒədɔʀ]	ich schlafe	**Imperativ:**	
tu	**dors**	[tydɔʀ]	du schläfst	**Dors.**	Schlaf!
il / elle / on	**dort**	[ildɔʀ] [ɛldɔʀ] [õdɔʀ]	er / sie / man schläft	**Dormons.**	Schlafen wir!
				Dormez.	Schlaft!/ Schlafen Sie!
nous	**dormons**	[nudɔʀmõ]	wir schlafen		
vous	**dormez**	[vudɔʀme]	ihr schlaft		
ils / elles	**dorment**	[ildɔʀm] [ɛldɔʀm]	sie schlafen		

R2 Bei den Verben auf *-ir* der Gruppe ***sortir, partir, dormir*** ist im Präsens der **Singularstamm verkürzt**: *je dor-s;* aber: *dorm-ir, nous dorm-ons.*
Man nennt diese Gruppe in der Grammatik deshalb auch „Verben auf ***-ir*** mit **Stammverkürzung**“.

3. Hier siehst du, wie das ***Participe passé*** und das ***Passé composé*** der Verben auf ***-ir*** gebildet werden:

Infinitiv	Participe passé		Passé composé	
dormir	→ **dormi**	[dɔʀmi]	Nous **avons** bien **dormi**.	Wir haben gut geschlafen.
sortir	→ **sorti**	[sɔʀti]	Il **est sorti**. (→ **G 15**)	Er ist hinausgegangen.
partir	→ **parti**	[paʀti]	Il **est parti**. (→ **G 15**)	Er ist weggegangen.

R3 Die regelmäßigen Verben auf ***-ir*** bilden das ***Participe passé*** auf ***-i***.

G 14 Das Verb „venir" – *Le verbe «venir»*

Das Verb ***venir*** endet zwar auch auf ***-ir***, ist aber unregelmäßig.

	venir	[vəniʀ]	**kommen**
je	**viens**	[ʒəvjɛ̃]	ich komme
tu	**viens**	[tyvjɛ̃]	du kommst
il / elle / on	**vient**	[ilvjɛ̃] / [ɛlvjɛ̃] / [õvjɛ̃]	er / sie / man kommt
nous	**venons**	[nuvənõ]	wir kommen
vous	**venez**	[vuvəne]	ihr kommt
ils / elles	**viennent**	[ilvjɛn] / [ɛlvjɛn]	sie kommen

Passé composé:

il est **venu**	er ist gekommen

→ G 15

Imperativ:

Viens.	Komm!
Venons.	Kommen wir!
Venez.	Kommt!/ Kommen Sie!

G 15 Das Passé composé (II): mit „être" – *Le passé composé avec «être»*

In G 6 hast du gelernt, dass die meisten Verben das ***Passé composé*** mit dem Hilfsverb ***avoir*** bilden:
Hier, j'**ai joué** au foot. Gestern **habe** ich Fußball **gespielt**.

NEU Einige wenige Verben bilden das ***Passé composé*** mit dem Hilfsverb ***être***.

A 10 heures, Victor	**est**		**sorti**	de la maison.	Um 10 Uhr **ist** Victor aus dem Haus **gegangen**.
Il	**est**		**allé**	à la gare en métro.	Er **ist** mit der Metro zum Bahnhof **gefahren**.
Mais son cousin **n'**	**est**	**pas**	**venu.**		Aber sein Cousin **ist nicht gekommen**.

R Einige wenige Verben bilden das ***Passé composé*** mit dem Hilfsverb ***être*** und dem ***Participe passé***. Die ***Verneinung*** umschließt auch hier das ***Hilfsverb***.

Hier siehst du die Verben, die das ***Passé composé*** mit ***être*** bilden.
Du kannst sie dir mit dem sogenannten „*être*-Haus“ gut merken.

être	→	aller	arriver	entrer	rester	monter	rentrer	retourner
		venir	partir	sortir	tomber	descendre	revenir	

G 16 Die Veränderlichkeit des Participe passé (I): bei „être“
L'accord du participe passé: avec «être»

Bei den Verben, die das ***Passé composé*** mit ***être*** bilden, gibt es eine Besonderheit zu beachten.

Subjekt (Wer?)		être		Participe passé		
Bruno		**est**		part**i**.	-	
Isabelle		**est**		resté **e**.	-e	
Nos copains		**sont**		arrivé **s**.	-s	
M. et Mme Rollin		**sont**		sorti **s**.	-s	
Manon et Léa	ne	**sont**	pas	venu **es**.	-es	

R Beim ***Passé composé*** mit ***être*** richtet sich das ***Participe passé*** in **Geschlecht** (Genus) und **Zahl** (Numerus) nach dem **Subjekt** des Satzes (Wer?).
Ist das Subjekt weiblich oder steht es im Plural, verändert sich das ***Participe passé***.

Was fällt dir auf? Achte auf die Personen und die Farben.

Bruno:	«**Je** suis sort**i** à cinq heures.»	**Je** = ♂
Emma:	«**Je** suis sorti**e** à six heures.»	**Je** = ♀
Emma à **Bruno**:	«**Tu** est rentr**é** à cinq heures?»	**Tu** = ♂
Bruno à **Emma**:	«**Tu** est rentr**ée** à cinq heures?»	**Tu** = ♀
Adrien et Victor:	«**Nous** sommes arriv**és** à deux heures.»	**Nous** = ♂♂
Marc à **Emma et Malika**:	«**Vous** êtes sorti**es** ensemble?»	**Vous** = ♀♀
Malika à **Mme Carbonne**:	«**Vous** êtes parti**e** en train, Mme Carbonne?»	**Vous** = ♀

Gut gesehen! Wenn die Pronomen ***je, tu, nous*** oder ***vous*** Subjekt des Satzes sind, musst du darauf achten, **welche Personen** durch die Pronomen ersetzt werden.

B G 17 Das Verb „devoir" – *Le verbe «devoir»*

	devoir	[dəvwaʀ]	**sollen/müssen**
je	**dois**	[ʒədwa]	ich soll
tu	**dois**	[tydwa]	du sollst
il / elle / on	**doit**	[ildwa] / [ɛldwa] / [õdwa]	er / sie / man soll
nous	**devons**	[nudəvõ]	wir sollen
vous	**devez**	[vudəve]	ihr sollt
ils / elles	**doivent**	[ildwav] / [ɛldwav]	sie sollen

Passé composé:

j'ai **dû** [dy] faire qc — Ich **habe** etwas tun **sollen/müssen**.

Achte auf den accent circonflexe: *j'ai dû*

Auf ***devoir*** (sollen/müssen) folgt immer ein Infinitiv: *Je **dois rentrer** à la maison.*

G 18 Das Verb „recevoir" – *Le verbe «recevoir»*

	recevoir	[ʀəsəvwaʀ]	**erhalten/empfangen**	
je	**reçois**	[ʒəʀəswa]	ich erhalte	**Passé composé:**
tu	**reçois**	[tyʀəswa]	du erhältst	j'ai **reçu** ich **habe** erhalten
il / elle / on	**reçoit**	[ilʀəswa] [ɛlʀəswa] [ɔ̃ʀəswa]	er / sie / man erhält	
nous	**recevons**	[nuʀəsəvɔ̃]	wir erhalten	
vous	**recevez**	[vuʀəsəve]	ihr erhaltet	
ils / elles	**reçoivent**	[ilʀəswav] [ɛlʀəswav]	sie erhalten	

Achte auf die ***cédille***! **„-ç-"** vor **-o-** und **-u-**:
*je re**ç**ois, j'ai re**ç**u.*
Vergleiche: *nous commen**ç**ons* (→ G5)

G 19 Die Objektpronomen (I): „me, te, nous, vous"
Les pronoms objets «me, te, nous, vous»

Du kennst bereits das **direkte** und das **indirekte** **Objekt**.

regarder **qn**	→ Emma regarde **Marc**.	**direktes Objekt** (**Wen** sieht Emma an?)
raconter qc **à qn**	→ Emma raconte une histoire **à Marc**.	**indirektes Objekt** (**Wem** erzählt Emma eine Geschichte?)

le pronom objet – das Objektpronomen – das Fürwort/das Personalpronomen als Objekt

NEU Nun lernst du die **Objektpronomen** der 1. und 2. Person (***me***, ***te***, ***nous***, ***vous***) kennen.

1. Direkte Objektpronomen

– Tu	**me**	comprends?	Verstehst du	**mich**	?
– Oui, je	**te**	comprends très bien.	Ja, ich verstehe	**dich**	sehr gut.
– Tu	**m'**	entends?	Hörst du	**mich**	?
– Oui, je	**t'**	entends très bien.	Ja, ich höre	**dich**	sehr gut.
– Tu	**nous**	invites bientôt?	Lädst du	**uns**	bald ein?
– Oui, je	**vous**	invite demain.	Ja, ich lade	**euch/Sie**	morgen ein.

comprendre **qn**, entendre **qn**, inviter **qn** → Frage: **Wen?**

2. Indirekte Objektpronomen

– Tu	**me**	donnes ton adresse?	Gibst du	**mir**	deine Adresse?
– Oui, je	**te**	donne mon adresse.	Ja, ich gebe	**dir**	meine Adresse.
– Tu	**m'**	écris?	Schreibst du	**mir**	?
– Oui, je	**t'**	écris un SMS.	Ja, ich schreibe	**dir**	eine SMS.
– Tu	**nous**	envoies des photos?	Schickst du	**uns**	Fotos?
– Oui, je	**vous**	envoie des photos.	Ja, ich schicke	**euch/Ihnen**	Fotos.

donner qc **à qn**, écrire qc **à qn**, envoyer qc **à qn** → Frage: **Wem?**

R Die **direkten** und die **indirekten** Objektpronomen der 1. und 2. Person heißen im Singular ***me*** und ***te*** und im Plural ***nous*** und ***vous***.
Vor einem Verb, das mit einem Vokal beginnt, werden ***me*** und ***te*** zu ***m'*** und ***t'*** verkürzt.
Vous kann auch Höflichkeitsform sein (= „Sie" oder „Ihnen").

Was fällt dir auf? Achte auf ***nous*** und ***vous***.

Nous	**vous**	invit**ons**.	**Wir** laden euch ein.
Vous	**nous**	montr**ez** des photos.	**Ihr** zeigt uns Fotos.
Subjekt	**Objekt**		

Richtig! ***Nous*** und ***vous*** haben **dieselben Formen** für das **Subjekt** und das **Objekt**. Du musst also aufpassen, dass sich das **Verb** immer nach dem **Subjekt** richtet.

G20 Die Objektpronomen (II): Stellung – *La place des pronoms objets*

Je **t'**écris.	Ich schreibe **dir**.
Tu **ne me** réponds **pas**.	Du antwortest **mir** nicht.

R 1 Im Gegensatz zum Deutschen stehen die Objektpronomen im Französischen **vor dem Verb**. Die **Verneinungswörter** umklammern das **Objektpronomen und** das **konjugierte Verb**.

Je **vais t'envoyer** un e-mail.	Ich werde **dir** eine E-mail schicken.
Je **ne veux pas te téléphoner** ce soir.	Ich will **dich** heute Abend nicht anrufen.

R 2 Bei den Verben mit Infinitivanschluss
(aimer, vouloir, pouvoir, savoir, devoir, aller + faire qc, …)
stehen die Objektpronomen **vor dem Infinitiv**.
Die **Verneinungswörter** umklammern in diesem Fall nur das **konjugierte** Verb.

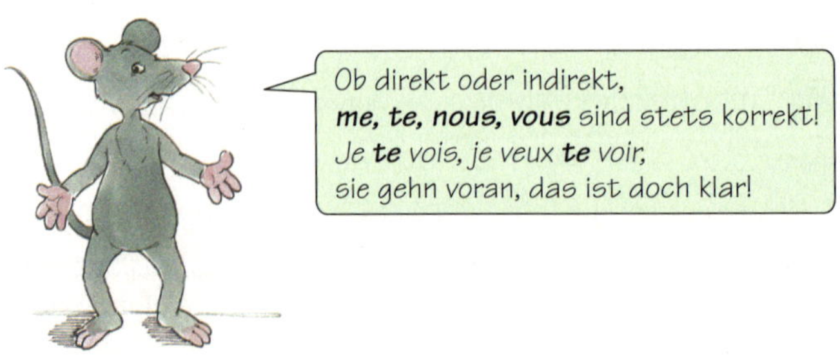

Alles klar?

1. *Setze die richtige* ***Verbform*** *ein.*

a – Tu *(sortir)*?
– Non, je *(ne pas sortir)*.
Je *(devoir)* travailler.

b – Tu *(recevoir; p. composé)* ma carte postale?

c – Tu *(venir)*? On *(partir)*!

d – Ils ne *(sortir)* jamais. Mais ils *(recevoir)* beaucoup d'amis.

e – Manon et Valentin, vous *(devoir)* rester dans vos chambres.

f – Tu *(dormir; p. composé)*, Malika?
– Non, je ne peux pas *(dormir)*.

g – Vous *(partir)* déjà?
– Oui, nous *(devoir)* rentrer à la maison.

h – Tes amis *(venir; p. composé)*?
– Non. Ils *(ne plus venir)* chez moi.

i – Je *(ne plus recevoir)* de nouvelles de toi!

j – *(Venir)* chez moi, monsieur.
Je vous invite.

2. *Welche Verben in der folgenden Liste bilden das* ***Passé composé*** *mit dem Hilfsverb* ***être****, welche mit* ***avoir****? Erstelle in deinem Heft eine Tabelle.*

téléphoner	chercher	venir	sortir	monter	prendre	descendre	discuter
entrer	partir	aller	montrer	rencontrer	rester	bouger	rentrer

3. *Setze den folgenden Text ins* ***Passé composé****. Schreibe ihn in dein Heft und kontrolliere, ob du das* ***Participe passé*** *richtig angeglichen hast.*

Emma raconte: Je vais chez Malika. On discute un peu. Après, nous sortons.
Puis, nous prenons le métro. Nous arrivons à la station Rivoli vingt minutes après.
Là, nous rencontrons Christian et Thomas. Christian montre ses dessins.
Après, nous partons ensemble. Tout à coup, maman appelle sur mon portable.
Moi, je rentre à la maison, Malika reste avec les garçons. Ils entrent dans un café.

4. *Setze das entsprechende französische* ***Objektpronomen*** *an der richtigen Stelle ein.*

a Tu ~ montres ~ tes dessins? — mir
b Les parents ~ veulent ~ voir ~. — uns
c Je ne ~ entends ~ pas. — euch
d Manon ~ invite ~ à sa fête. — dich
e Elle ~ attend ~. — uns
f Tu ~ vas ~ écrire ~? — mir
g Je ~ donne ~ 3 €. — dir
h Ils ne ~ peuvent pas ~ aider. — Ihnen

5. *Welche Aussage stimmt? Verbessere die falschen Aussagen.*

a Bei den Verben auf ***-ir*** der Gruppe ***sortir*** ist im Präsens der Pluralstamm verkürzt.
b Das Objekt entscheidet, ob das ***Participe passé*** beim ***Passé composé*** mit ***être*** verändert wird.
c ***Me, te, nous, vous*** können indirekte und direkte Objektpronomen sein.
d Die Objektpronomen stehen immer vor dem Verb, bei Verben mit Infinitivanschluss stehen sie hinter dem Infinitiv.

Die Lösungen zu den Aufgaben findest du auf Seite 70.

LEÇON 4

A G21 Die direkten Objektpronomen „le, la, les" – *Les pronoms objets directs «le, la, les»*

Aus G 19 kennst du schon die **direkten Objektpronomen** (Frage: Wen?) der **1. und 2. Person Singular und Plural *(me, te, nous, vous)*.**

me / m'	**te / t'**	– Tu **me** comprends?	– Oui, je **te** comprends très bien.	… verstehe **dich** …
nous	**vous**	– Tu **nous** invites?	– Oui, je **vous** invite pour demain.	… lade **euch** ein …

NEU Jetzt lernst du die **direkten Objektpronomen** der **3. Person Singular und Plural *(le, la, les)*** kennen.

1. Formen

– Tu regardes	**le match?**	*(m.)*	– Oui, je	**le**	regarde.	Ja, ich schau **es** an.
– Tu cherches	**Emma?**	*(f.)*	– Oui, je	**la**	cherche.	Ja, ich suche **sie**.
– Tu vois	**les copains?**	*(m., pl.)*	– Oui, je	**les**	vois.	Ja, ich sehe **sie**.
– Tu invites	**les copines?**	*(f., pl.)*	– Oui, je	**les**	invite.	Ja, ich lade **sie** ein.
– Tu attends	**Fabien?**	*(m.)*	– Oui, je	**l'**	attends.	Ja, ich warte auf **ihn**.
– Tu appelles	**Cécile?**	*(f.)*	– Oui, je	**l'**	appelle.	Ja, ich rufe **sie** an.

R Die **direkten Objektpronomen** der **3. Person Singular und Plural** lauten ***le, la, les***.
- ***le*** vertritt ein **maskulines Nomen** im **Singular**,
- ***la*** vertritt ein **feminines Nomen** im **Singular**,
- ***les*** vertritt **maskuline und feminine Nomen** im **Plural**.

Vor Vokal werden ***le*** und ***la*** zu ***l'*** verkürzt.

masculin – maskulin – männlich; féminin – feminin – weiblich

Was fällt dir auf?

Le	crayon,	je	**le**	prends.
La	gomme,	je	**la**	cherche.
L'	adresse,	je	**l'**	écris.
Les	livres,	je	**les**	ouvre.

le **l'** **la**
les

Die Objektpronomen ***le, la, les*** haben dieselben Formen wie die bestimmten Artikel.

2. Stellung

Aus G 20 kennst du schon die Regeln zur **Stellung der Objektpronomen *me, te, nous, vous*.** Sie gelten auch für die Objektpronomen der 3. Person.

Je **le vois**.	Ich sehe **ihn**.	Je **veux le voir**.	Ich will **ihn** sehen.
Je **ne le vois pas**.	Ich sehe **ihn** nicht.	Je **ne veux pas le voir**.	Ich will **ihn** nicht sehen.
Je **l'ai** vu.	Ich habe **ihn** gesehen.		

Vor dem **konjugierten** Verb! Verneinungswörter umklammern Objektpronomen und konjugiertes Verb.

Bei Verben mit **Infinitivanschluss vor** dem **Infinitiv**! Verneinungswörter umklammern nur konjugiertes Verb.

3. Me voilà!

Die direkten Objektpronomen können auch direkt vor ***voilà*** stehen:

Me voilà!	Da bin ich!
La voilà!	Da ist sie!
Les voilà!	Das sind sie!

G 22 Das Verb „vivre" – *Le verbe «vivre»*

	vivre	[vivʀ]	**leben**
je	**vis**	[ʒəvi]	ich lebe
tu	**vis**	[tyvi]	du lebst
il / elle / on	**vit**	[ilvi] [ɛlvi] [õvi]	er / sie / man lebt
nous	**vivons**	[nuvivõ]	wir leben
vous	**vivez**	[vuvive]	ihr lebt
ils / elles	**vivent**	[ilviv] [ɛlviv]	sie leben

Passé composé:

j'ai **vécu** — ich habe gelebt

Imperativ:

Vis …	Lebe …!
Vivons …	Leben wir …!
Vivez …	Lebt …!/ Leben Sie …!

G 23 Das Verb „connaître“ – *Le verbe «connaître»*

	connaître	[kɔnɛtʀ]	**kennen**	
je	**connais**	[ʒəkɔnɛ]	ich kenne	**Passé composé:**
tu	**connais**	[tykɔnɛ]	du kennst	j'ai **connu** ich habe gekannt
il elle on	**connaît**	[ilkɔnɛ] [ɛlkɔnɛ] [õkɔnɛ]	er sie man } kennt	
nous	**connaissons**	[nukɔnɛsõ]	wir kennen	
vous	**connaissez**	[vukɔnɛse]	ihr kennt	
ils elles	**connaissent**	[ilkɔnɛs] [ɛlkɔnɛs]	sie kennen	

G 24 Das Verb „plaire“ – *Le verbe «plaire»*

Du kennst das Verb ***plaire*** schon aus den Formulierungen ***s'il te plaît*** (= bitte, *wörtlich*: „wenn es dir gefällt“) und ***s'il vous plaît*** (= bitte, *wörtlich*: „wenn es euch/Ihnen gefällt“).

NEU Hier nun alle Formen auf einen Blick:

	plaire	[plɛʀ]	**gefallen**	
je	**plais**	[ʒəplɛ]	ich gefalle	**Passé composé:**
tu	**plais**	[typlɛ]	du gefällst	j'ai **plu** ich habe gefallen
il elle on	**plaît**	[ilplɛ] [ɛlplɛ] [õplɛ]	er sie man } gefällt	
nous	**plaisons**	[nuplɛzõ]	wir gefallen	
vous	**plaisez**	[vuplɛze]	ihr gefallt	
ils elles	**plaisent**	[ilplɛz] [ɛlplɛz]	sie gefallen	

B G25 Der Relativsatz mit „qui", „que", „où"

La phrase relative avec «qui», «que», «où»

Mit einem **Relativsatz** kannst du eine **Person** oder **Sache** näher bestimmen, die im **Hauptsatz** genannt wird („Kennst du **den Jungen**, **der** dort steht?"). Relativsätze werden durch **Relativpronomen** (hier: **„der"**) eingeleitet.

1. **Relativsätze** mit dem Relativpronomen ***qui*** (deutsch: der, die, das):

Hauptsatz		Relativsatz	
Un cuisinier est **un homme**	**qui**	travaille dans un restaurant.	..., **der** in einem Restaurant arbeitet.
Une journaliste est **une femme**	**qui**	écrit pour un journal.	..., **die** für eine Zeitung schreibt.
Voici **des journaux**	**qui**	sont vraiment intéressants.	..., **die** wirklich interessant sind.

R1 Das Relativpronomen ***qui*** ist **Subjekt** des Relativsatzes (Frage: **Wer** oder **Was**?). Es kann **Personen** oder **Sachen** vertreten und ist **unveränderlich**.

2. **Relativsätze** mit dem Relativpronomen ***que*** (deutsch: den, die, das):

Fabien est **un garçon**	**que**	les filles adorent.	..., **den** die Mädchen sehr mögen.
Blagnac est **une ville**	**qu'**	**il** aime bien.	..., **die** er gern mag.
A Blagnac, il y a **un stade**	**que**	tout le monde connaît.	..., **das** alle kennen.

R2 Das Relativpronomen ***que*** ist direktes **Objekt** des Relativsatzes (Frage: **Wen** oder **Was**?). Es kann **Personen** oder **Sachen** vertreten. Vor Vokal oder „stummem h" wird ***que*** zu ***qu'*** (***qu'****il*, ***qu'****elle* ...).

3. **Relativsätze** mit dem Relativpronomen ***où*** (deutsch: wo, wohin/in dem, in der, in das):

Odyssud est **une médiathèque**	**où**	Cécile va souvent.	..., **in die/(wohin)** Cécile oft geht.
C'est **une médiathèque**	**où**	on peut écouter des CD.	..., **in der/(wo)** man CDs anhören kann.

R3 Das Relativpronomen ***où*** bezieht sich immer auf **Ortsbestimmungen** (Frage: **Wo** oder **Wohin**?).

la phrase relative – der Relativsatz
le pronom relatif – das Relativpronomen

Zusammenfassung:

Toulouse est une ville **qui** est très jolie.		**Subjekt**	**Wer oder Was** ist schön?
C'est une ville **que**	**les Carbonne** aiment bien.	**Objekt**	**Wen oder Was** mag man?
C'est une ville **où**	on vit bien.	**Ortsbestimmung**	**Wo** lebt man gut?

[G 26] Die Veränderlichkeit des Participe passé (II): bei „avoir"
L'accord du participe passé: avec «avoir»

In G 16 hast du gelernt, dass sich das ***Participe passé*** beim ***Passé composé*** mit ***être*** in **Geschlecht** (Genus) und **Zahl** (Numerus) nach dem **Subjekt** des Satzes richtet.

Cécile et Emma sont all**ées** au stade de Blagnac.

NEU Auch bei den Verben, die das ***Passé composé*** mit ***avoir*** bilden, gibt es Fälle, in denen das ***Participe passé*** **angeglichen** wird.

– Vous **avez regardé**	le match?	– Oui, nous	l'	**avons**	regardé.
– Tu **as rencontré**	Samira?	– Oui, je	l'	**ai**	rencontrée.
– Vous **avez vu**	les Marini?	– Oui, nous	les	**avons**	vus.
– Tu **as pris**	les photos?	– Non, je ne	les	**ai** pas	prises.
J'**ai regardé**	les livres		**que**	tu **as**	achetés.
Elle **a cherché**	les affiches		**que**	j'**ai**	faites.
			dir. Objekt	avoir	**Participe passé**

direktes Objekt steht **nach** dem **Verb**
= keine Angleichung!

direktes Objekt steht **vor** dem **Verb**
= Angleichung!

R Beim ***Passé composé*** mit ***avoir*** wird das ***Participe passé*** nur dann angeglichen, wenn ihm ein **direktes Objekt** (Frage: Wen oder Was?) **vorausgeht**.
Dieses direkte Objekt kann ein **direktes Objektpronomen** ***(me, te, nous, vous, la, les)*** oder das **Relativpronomen *que*** sein.
Das ***Participe passé*** richtet sich dann in **Geschlecht** (Genus) und **Zahl** (Numerus) nach dem **direkten Objekt**.

Was fällt dir auf? Achte auf ***me***.

Emma dit:

Hier, Fabien m'a regardée,	regarder **qn** → ***me*** = **direktes** Objekt	→ **angeglichen**
mais il ne m'a pas parlé.	parler **à qn** → ***me*** = **indirektes** Objekt	→ **unverändert**

Gut gesehen! ***Me*** kann direktes und indirektes Objekt sein.
Es wird aber nur angeglichen, wenn es direktes Objekt ist.
Das gilt genauso für ***te, nous, vous*** (→ G 19).

C G 27 Die Demonstrativbegleiter „ce, cet, cette, ces“
Les adjectifs démonstratifs «ce, cet, cette, ces»

Du kennst schon verschiedene Begleiter: Den unbestimmten ***(un, une, des)*** und den bestimmten Artikel ***(le, la, les)*** sowie den Possessivbegleiter ***(mon, ma, mes …)***.

l'adjectif démonstratif – der Demonstrativbegleiter – das hinweisende Fürwort

NEU Mit dem **Demonstrativbegleiter** lernst du einen Begleiter kennen, mit dem du auf etwas **hinweisen** kannst.

Pour le week-end à Marseille, je prends … — Für das Wochenende in Marseille nehme ich …

ce pantalon,	[səpɑ̃tɑ̃lɔ̃]	**diese** Hose,
cet‿**o**rdinateur,	[sɛtɔʀdinatœʀ]	**diesen** Computer,
cette guitare,	[sɛtgitaʀ]	**diese** Gitarre,
ces‿**a**lbum**s** de Zebda,	[sezalbɔm]	**diese** Alben von Zebda,
ces chemise**s**.	[seʃəmiz]	**diese** Hemden.

R Die **Demonstrativbegleiter** heißen: ***ce, cet, cette, ces.***
- ***ce*** steht vor einem **maskulinen Nomen** im **Singular**, das mit einem **Konsonant** beginnt.
- ***cet*** steht vor einem **maskulinen Nomen** im **Singular**, das mit einem **Vokal** oder **„stummen h"** beginnt.
- ***cette*** steht vor einem **femininen Nomen** im **Singular**.
- ***ces*** steht vor einem **Nomen** im **Plural**. Achte hier auf die Bindung.

Zusammenfassung

	maskulin	feminin
Singular	**ce / cet**	**cette**
Plural	**ces**	

Was fällt dir auf?

Qu'est-ce qu'on fait aujourd'hui?	Was machen wir **heute**?
Ce matin, on va au musée.	**Heute** Morgen gehen wir ins Museum.
Cet après-midi, on va au cinéma.	**Heute** Nachmittag gehen wir ins Kino.
Ce soir, on va regarder la télé.	**Heute** Abend schauen wir fern.

Gut gesehen! ***Ce*** bedeutet in diesen Wendungen „heute".

Verwechsle nicht beim Schreiben:

ces *chemises*	[se]	**diese** Hemden
ses *chemises*		**seine/ihre** Hemden

Merksatz:
Mit **c-** zeigt [se]
den Hinweis an,
mit **s-** ist ein
Besitzer dran.

G 28 Die Fragebegleiter „quel, quelle, quels, quelles"
Les adjectifs interrogatifs «quel, quelle, quels, quelles»

Du kennst schon einige Fragen und Ausrufe mit ***quel***:

Il est **quelle** heure?	Wie viel Uhr ist es? (wörtlich: „Es ist welche Stunde?")
Tu as **quel** âge?	Wie alt bist du? (wörtlich: „Du hast welches Alter?")
Quelle horreur!	Wie schrecklich! (wörtlich: „Welcher Schrecken!")

l'adjectif interrogatif – der Interrogativbegleiter – der Fragebegleiter

NEU Nun lernst du, wie du weitere Fragen mit ***quel*** stellen kannst.

Quel sport	est-ce que tu aimes?	[kɛlspɔʀ]	**Welchen** Sport magst du gern?
Quelle robe	est-ce que tu mets aujourd'hui?	[kɛlrɔb]	**Welches** Kleid ziehst du heute an?
Quels‿albums	est-ce que tu veux acheter?	[kɛlzalbɔm]	**Welche** Alben willst du kaufen?
Quelles chansons	est-ce que tu aimes écouter?	[kɛlʃɑ̃sɔ̃]	**Welche** Chansons hörst du gern?

R Der **Fragebegleiter *quel*** richtet sich in **Geschlecht** (Genus) und **Zahl** (Numerus) nach dem **Nomen**, auf das er sich bezieht.
Alle Formen von ***quel*** werden gleich ausgesprochen.
Achte aber auf die **Bindung** vor Vokal und „stummem h".

Zusammenfassung

	maskulin	feminin
Singular	**quel**	**quelle**
Plural	**quels**	**quelles**

Was fällt dir auf? Achte auf die Wortstellung.

Tu aimes **quelles** chansons?	Welche Lieder magst du?
Quelles chansons **est-ce que** tu aimes?	
Quelles sont les chansons que tu aimes?	Welches sind die Lieder, die du magst?

Die Frage mit ***quel*** kann in verschiedenen Wortstellungen auftreten:
- mit dem Fragewort hinter dem Verb (Achtung! Umgangssprache!)
- mit ***est-ce que***
- vor ***être***.

G29 Die Adjektive „beau, nouveau, vieux“ – *Les adjectifs «beau, nouveau, vieux»*

Wie bei ***ce/cet*** gibt es auch bei den Adjektiven ***beau*** (schön), ***nouveau*** (neu) und ***vieux*** (alt) vor maskulinen Nomen im Singular zwei **Formen**.

1. Singular

un **beau** jardin	un **nouveau** jardin	un **vieux** jardin
un **bel**‿**a**ppartement [bɛlapaʀtəmɑ̃]	un **nouvel**‿**a**ppartement [nuvɛlapaʀtəmɑ̃]	un **vieil**‿**h**ôtel [vjɛjotɛl]
une **belle** rue	une **nouvelle** rue	une **vieille** rue

R 1 Die Adjektive ***beau, nouveau, vieux*** haben im **Singular** vor maskulinen Nomen zwei Formen:
***beau, nouveau, vieux* vor Konsonant**,
***bel, nouvel, vieil* vor Vokal** und **„stummem h“**.
Vor femininen Nomen im Singular steht immer ***belle, nouvelle, vieille***.

2. Plural

des **beaux** jardin**s**	des **nouveaux** jardin**s**	des **vieux** jardin**s**
des **beaux**‿**a**ppartement**s** [z]	des **nouveaux**‿**a**ppartement**s** [z]	des **vieux**‿**h**ôtel**s** [z]
des **belles** rue**s**	des **nouvelles** rue**s**	des **vieilles** rue**s**
des **belles**‿**é**tagère**s** [z]	des **nouvelles**‿**é**tagère**s** [z]	des **vieilles**‿**é**tagère**s** [z]

R 2 Im **Plural** gibt es nur **eine** Form vor maskulinen und **eine** Form vor femininen Nomen:
***beaux, nouveaux, vieux* – *belles, nouvelles, vieilles*.**
Bei den Pluralformen werden ***-x*** und ***-s*** vor Vokal und „stummem h“ als [z] gebunden.

Erkläre, was dir auffällt, wenn das Bezugswort voransteht.

C’est un **bel** appartement.	►	L’appartement est **beau.**
C’est un **nouvel** appartement.	►	L’appartement est **nouveau.**
C’est un **vieil** appartement.	►	L’appartement est **vieux.**

Wenn die Adjektive ***beau, nouveau, vieux*** nach dem Bezugswort stehen, dann gibt es die Formen ***bel, nouvel, vieil*** nicht. Klar! Es folgt ja dann kein Nomen, das mit Vokal oder „stummem h“ beginnt.

Alles klar?

1. *Antworte auf die Fragen und ersetze in der Antwort die unterstrichenen Wörter durch ein **direktes Objektpronomen**. Achte auf die Stellung im Satz.*

a – Tu regardes le film? – Oui, …
b – Tu lis la BD de Malika? – Non, …
c – Tu veux écouter ce CD? – Oui, …
d – Tu vas acheter les DVD sur Paris? – Non, …
e – Tu as aimé l'album de Zebda? – Oui, …
f – Tu as acheté l'album? – Non, …

2. *Setze die richtige Form von **vivre, connaître** und **plaire** ein.*

a – Tu *(vivre)* à Paris maintenant? C'est bien?
b – Oui, Paris me *(plaire)* beaucoup.
c – Alors, tu *(connaître)* bien la ville?
d – Non, nous ne *(vivre)* pas au centre. Nous *(connaître)* bien notre banlieue. Et j'ai déjà visité la tour Eiffel. Ça m'a bien *(plaire)*.
e – Vous avez *(vivre)* à Toulouse avant?
f – Oui, et à Toulouse, j'ai *(connaître)* des moments super. Mais là où on *(vivre)* maintenant, c'est très bien aussi. Et il y a des cafés qui me *(plaire)* beaucoup.

3. ***Qui, que** oder **où**? Ergänze das passende **Relativpronomen**.*

a Tu connais la dame ~ habite 13 rue Montrouge? C'est Mme Leclerc.
b C'est une dame ~ je connais bien.
c Dans la rue ~ elle habite, il y a beaucoup de magasins.
d Je vais toujours dans un magasin ~ on peut acheter des vêtements ~ ne sont pas chers.
e Souvent, Mme Leclerc m'aide à trouver un vêtement ~ me plaît.
f J'aime les vêtements ~ on peut acheter dans ce magasin.

4. *Ergänze die Sätze mit den passenden Formen von **quel, ce, beau, nouveau, vieux**.*

a Q~ photos est-ce que tu regardes?
b Elles sont b~.
c Est-ce qu'elles sont v~ ou n~?
d Tu aimes c~ acteur?
e Q~ acteur?
f C~ b~ acteur anglais sur c~ photo?
g Q~ b~ homme!
h Oui, il est b~ dans sa n~ voiture.
i Regarde c~ v~ arbre et c~ v~ maison.
j Oh, il est très v~, c~ arbre!

[5. ***Gleiche das Participe passé an**, wenn es notwendig ist.*]

a Je n'aime pas le texte que tu as écrit~.
b Mais j'aime la musique que tu as écrit~.
c Tu es une fille qui a écrit~ des belles chansons.
d *Cécile dit à Emma:* Ce gâteau, tu l'as fait~ pour moi?
e J'ai bien aimé le gâteau que tu m'as fait~.
f *Emma:* Et cette mousse au chocolat, je l'ai aussi fait~ pour toi.

6. *Wie nennt man in der Grammatik das unterstrichene Wort in den folgenden Sätzen?*

a J'aime cette musique.
b Les DVD? Je les ai regardés hier.
c C'est la maison que mes parents ont achetée.
d Quelles chemises est-ce que tu vas prendre?

Die Lösungen zu den Aufgaben findest du auf Seite 70.

LEÇON 5

A G30 Die indirekten Objektpronomen „lui" und „leur"

Les pronoms objets indirects «lui» et «leur»

Du kennst bereits das **direkte** und das **indirekte Objekt**.

regarder **qn**	→ Emma regarde **Marc**.	**direktes Objekt** (**Wen** sieht Emma an?)
raconter qc **à qn**	→ Emma raconte une histoire **à Marc**.	**indirektes Objekt** (**Wem** erzählt Emma eine Geschichte?)

Aus G21 kennst du die **direkten Objektpronomen** der **3. Person Singular und Plural** ***(le, la, l', les)***.

– Tu regardes **la vidéo?** – Oui, je **la** regarde. Ja, ich sehe es an.

NEU Jetzt lernst du die **indirekten Objektpronomen** der **3. Person Singular und Plural** ***(lui, leur)*** kennen.

1. Formen

– Tu expliques l'idée	**à Marco?**	– Oui, je	**lui**	explique tout.	Ja, ich erkläre **ihm** alles.
– La vidéo plaît	**à Cécile?**	– Oui, elle	**lui**	plaît.	Ja, es gefällt **ihr**.
– Tu montres la vidéo	**à tes copains?**	– Oui, je	**leur**	montre la vidéo.	Ja, ich zeige **ihnen** das Video.
– Tu envoies la vidéo	**à tes copines?**	– Oui, je	**leur**	envoie la vidéo.	Ja, ich schicke **ihnen** das Video.

R Die **indirekten Objektpronomen** der **3. Person Singular und Plural** lauten ***lui*** und ***leur***.
Sie vertreten Personen.
- ***lui*** vertritt **eine** Person, egal, ob sie maskulin oder feminin ist.
- ***leur*** vertritt **mehrere** Personen, egal, ob sie maskulin oder feminin sind.

2. Stellung

Aus G 20 und G 21 kennst du schon die Regeln zur **Stellung der Objektpronomen *me, te, nous, vous, le, la, les***. Sie gelten auch für ***lui*** und ***leur***.

Je **lui écris**.	Ich schreibe **ihm/ihr**.	Je **veux leur écrire**.	Ich will **ihnen** schreiben.
Je **ne lui écris pas**.	Ich schreibe **ihm/ihr** nicht.	Je **ne veux pas leur écrire**.	Ich will **ihnen** nicht schreiben.
Je **lui ai** écrit.	Ich habe **ihm/ihr** geschrieben.		
Je **ne lui ai pas** écrit.	Ich habe **ihm/ihr** nicht geschrieben.		
Vor dem **konjugierten** Verb! Verneinungswörter umklammern Objektpronomen und konjugiertes Verb.		Bei Verben mit **Infinitivanschluss vor** dem **Infinitiv**! Verneinungswörter umklammern nur konjugiertes Verb.	

1. Was fällt dir auf? Achte auf ***leur***.

Elle **leur montre** une chambre.	C'est **leur chambre**.
Sie zeigt **ihnen** ein Zimmer.	Es ist **ihr** Zimmer.
Elle **leur montre** les chambres.	Ce sont **leurs chambres**.
Sie zeigt **ihnen** die Zimmer.	Es sind **ihre** Zimmer.
Folgt auf ***leur*** ein **Verb**, ist ***leur*** **Objektpronomen** und **unveränderlich**.	Folgt auf ***leur*** ein **Nomen**, ist ***leur*** **Possessivbegleiter** und **veränderlich** *(leur/leurs)*.

2. **Direktes** oder **indirektes** Objekt? Achte auf den Unterschied zum Deutschen.

aider **qn**	→	**direktes Objekt**	→	Je **l'**aide.	Ich helfe **ihm/ihr**.
demander qc **à qn**	→	**indirektes Objekt**	→	Je **lui** demande.	Ich frage **ihn/sie**.

Lerne die Verben immer zusammen mit den Ergänzungen. Es gibt einige (wenige) Verben, bei denen die Objekte im Deutschen und Französischen nicht übereinstimmen. Eine Übersicht über diese Verben sowie über alle Objektpronomen findest du in den *Révisions* auf S. 75.

G 31 Der unbestimmte Begleiter „tout“ – *L'adjectif indéfini «tout»*

Du kennst schon verschiedene Begleiter:

– den unbestimmten Artikel	**un** copain, **une** copine, **des** copains
– den bestimmten Artikel	**le** bus, **la** maison, **les** avions
– den Possessivbegleiter	**mon** père, **ma** mère, **mes** frères et sœurs
– den Demonstrativbegleiter	**ce** monsieur, **cet** homme, **cette** femme, **ces** enfants
– den Fragebegleiter	**quel** copain? **quelle** copine? **quels** garçons? **quelles** filles?

NEU Nun lernst du den unbestimmten Begleiter ***tout*** (deutsch: ganz / alle) kennen.

Emma cherche son portable …					Emma sucht ihr Handy …
… dans	**tout**	**le**	jardin,	[tu]	… im **ganzen** Garten,
… dans	**toute**	**sa**	chambre,	[tut]	… in ihrem **ganzen** Zimmer,
… sous	**tous**	**ces**	papier**s**,	[tu]	… unter **all** diesen Papieren,
… dans	**toutes**	**les**	pièce**s**.	[tut]	… in **allen** Räumen.

R Der Begleiter ***tout*** richtet sich wie ein Adjektiv in **Geschlecht** (Genus) und **Zahl** (Numerus) nach dem **Nomen**, auf das er sich bezieht. Nach ***tout*** als Begleiter steht ein **zweiter Begleiter**, z. B. *le, les, sa, ces, …* *Tout* hat hier zwei Bedeutungen: im Singular „ganz“, im Plural „alle“.

Der Ausdruck ***tout le monde*** ist eine Ausnahme. Er heißt nicht „die ganze Welt“, sondern „alle/jeder/alle Welt“.

Was fällt dir auf? Achte besonders 1. auf den Plural von ***tout*** und 2. auf die Aussprache.

Singular	**tout**	[tu]	**le**	jardin
Plural	**tous**		**ces**	papiers
Singular	**toute**	[tut]	**sa**	chambre
Plural	**toutes**		**les**	pièces

Gut gesehen!
1. Man schreibt ***tous*** ohne ***-t-*** vor dem ***-s***, obwohl es der Plural von ***tout*** ist.
2. Den Unterschied zwischen Singular und Plural kann man bei ***tout*** als Begleiter nicht hören. Nimm beim Schreiben die Pluralform, wenn das folgende Nomen im Plural steht.

B G 32 Die Verben auf „-ir" (Gruppe „finir, choisir, ...")
Les verbes en «-ir» (groupe «finir, choisir, ...»)

Aus G 13 kennst du schon eine Gruppe regelmäßiger „Verben auf ***ir***":
sortir (hinausgehen), ***partir*** (weggehen/abfahren), ***dormir*** (schlafen).

dormir: je dor**s**, tu dor**s**, il dor**t**, nous dorm**ons**, vous dorm**ez**, ils dorm**ent**; j'ai dorm**i**

- Die Gruppe hat im Präsens die Endungen ***-s, -s, -t, -ons, -ez, -ent***, im *Participe passé* die Endung ***-i***.
- Im Präsens ist der Singularstamm verkürzt: *dor**m**ir, nous dor**m**ons*; aber: *je dor**s***.
- Man nennt diese Gruppe deshalb auch „Verben auf ***-ir*** mit **Stammverkürzung**".

NEU Nun lernst du die **zweite Gruppe** regelmäßiger „Verben auf ***-ir***" kennen.

	finir	[finiʀ]	**beenden/aufhören**	**Passé composé:**	
je	**finis**	[ʒəfini]	ich beende	j'ai **fini**	ich bin fertig (ich habe beendet)
tu	**finis**	[tyfini]	du beendest		
il / elle / on	**finit**	[ilfini] / [ɛlfini] / [õfini]	er / sie / man beendet	**Imperativ:**	
nous	**finissons**	[nufinisõ]	wir beenden	**Finis** ...	Beende ...!
vous	**finissez**	[vufinise]	ihr beendet	**Finissons** ...	Beenden wir ...!
ils / elles	**finissent**	[ilfinis] / [ɛlfinis]	sie beenden	**Finissez** ...	Beendet ...!/ Beenden Sie ...!

Ebenso:

applaudir	Beifall klatschen	j'applaudi**s**	nous applaudi**ssons**	j'ai applaud**i**
choisir	wählen/aussuchen	je choisi**s**	nous choisi**ssons**	j'ai chois**i**
réfléchir	überlegen	je réfléchi**s**	nous réfléchi**ssons**	j'ai réfléch**i**
réussir	gelingen	je réussi**s**	nous réussi**ssons**	j'ai réuss**i**

R Auch diese zweite Gruppe der Verben auf ***-ir*** hat im Präsens die Endungen ***-s***, ***-s***, ***-t***, ***-ons***, ***-ez***, ***-ent*** und das *Participe passé* wird auf ***-i*** gebildet.
Im Präsens ist aber der **Pluralstamm durch *-ss-* erweitert**:
je finis; aber: *nous finissons.*
Man nennt diese Gruppe deshalb auch „Verben auf ***-ir*** mit **Stammerweiterung**".

-s	*-ons*
-s	*-ez*
-t	*-ent*

G 33 Das Verb „rire" – *Le verbe «rire»*

	rire	[RiR]	lachen
je	**ris**	[ʒəRi]	ich lache
tu	**ris**	[tyRi]	du lachst
il / elle / on	**rit**	[ilRi] [ɛlRi] [õRi]	er / sie / man lacht
nous	**rions**	[nuRijõ]	wir lachen
vous	**riez**	[vuRije]	ihr lacht
ils / elles	**rient**	[ilRi] [ɛlRi]	sie lachen

Passé composé:

j'ai **ri**	ich habe gelacht

Imperativ:

Ris.	Lach!
Rions.	Lachen wir!
Riez.	Lacht!/ Lachen Sie!

Bei ***rire***:
das Participe passé
ganz ohne **-s** und **-t**!

G 34 „venir de faire qc" und „être en train de faire qc"

Aus Band 1 kennst du schon die Wendung ***aller faire qc***, mit der das ***Futur composé*** gebildet wird. Es drückt Handlungen oder Ereignisse aus, die in der **Zukunft** stattfinden.

– Quand est-ce que tu **vas faire** tes devoirs? – Wann **wirst** du deine Hausaufgaben **machen**?

– Je **vais les faire** après le repas. – Ich **werde** sie nach dem Essen **machen**.

NEU Nun lernst du mit ***être en train de faire qc*** und ***venir de faire qc*** zwei ähnliche Wendungen kennen.

– Que fait Cécile?	– Was macht Cécile?
– Elle **est en train de mettre** la table.	– Sie **ist gerade dabei**, den Tisch zu decken.
– Et son frère?	– Und ihr Bruder?
– Il **est en train de l'aider**.	– Er **hilft** ihr **gerade**.
– Fabien est déjà là?	– Ist Fabien schon da?
– Oui, il **vient de rentrer**.	– Ja, er **ist gerade** nach Hause **gekommen**.
– Tu as parlé à ses copains?	– Hast du mit seinen Freunden gesprochen?
– Oui, je **viens de leur parler**.	– Ja ich **habe gerade** mit ihnen **gesprochen**.

R Mit der Wendung ***être en train de faire qc*** drückt man aus, dass man **gerade etwas tut**.
Mit der Wendung ***venir de faire qc*** drückt man aus, dass man **gerade etwas getan hat**.
Die **Objektpronomen** stehen **unmittelbar vor dem Infinitiv**.

Bei *venir de faire* im Französischen Präsens,
bei der deutschen Übersetzung aber Vergangenheit!
Je **viens** de manger.
Ich **habe** gerade **gegessen**.

Zusammenfassung

aller **être en train de** **venir de**	+	**(Objektpronomen)**	+	**Infinitiv**

Alles klar?

1. *Beantworte die Fragen bejaht und verneint. Ersetze die unterstrichenen Wörter durch das passende **indirekte Objektpronomen**.*

a – Tu donnes le CD à Olivier?
– Oui, … / Non, …

b – Tu as téléphoné à tes amis?
– Oui, … / Non, …

c – Tu peux expliquer les devoirs à tes copines?
– Oui, … / Non, …

d – Tu as montré ta chambre à ta cousine?
– Oui, … / Non, …

2. *Ergänze in den folgenden Sätzen **tout** mit dem bestimmten Artikel als zweiten Begleiter. Schreibe die Sätze in dein Heft und kontrolliere, ob du alles richtig geschrieben hast.*

a Ici, ~ monde va bien.
b ~ copains sont là.
c ~ journée, nous faisons du sport.
d Le soir, c'est la fête dans ~ chambres.
e ~ jours, on mange des frites.
f Ici, ~ activités me plaisent bien.

3. *Setze die richtige **Verbform** ein. Verwende das Präsens, wenn nicht anders angegeben.*

a Les élèves *(rire)*. Le professeur leur dit: «Pourquoi est-ce que vous *(rire)*?
(Ne pas rire; impératif).»
Les élèves répondent: «Nous *(ne pas rire; p. composé)*, monsieur!»

b Au restaurant:
– Madame, Monsieur, voici la carte. *(Choisir; impératif).*
– Qu'est-ce que tu prends, chérie? – Je ne sais pas. Je *(réfléchir)*.
– Vous *(choisir; p. composé)*? – Non, nous *(réfléchir)* encore.

c La prof dit: «Cécile, sur ta vidéo, tu *(bien réussir; p. composé)* à montrer la vie chez nous.»
Elle *(applaudir)*. Les élèves *(applaudir)* aussi.

4. *Ergänze die Antworten mit **être en train de faire qc** oder **venir de faire qc**.*

a – Ce n'est pas vrai! Il n'est pas encore là?
– Mais si, il *(arriver)*.

b – Tu as fini les devoirs d'allemand?
– Non, je *(les – faire)*.

c – Pourquoi est-ce que tu ne m'écoutes pas?
– Je *(regarder la télé)*.

d – Tu as déjà parlé à Marco aujourd'hui?
– Oui, je *(lui – téléphoner)*.

5. *Welche Aussage stimmt? Verbessere die falschen Aussagen.*

a Bei den Verben auf ***-ir*** der Gruppe ***finir*** ist im Präsens der Pluralstamm verkürzt.
b Nach ***tout*** („ganz/alle“) steht kein weiterer Begleiter.
c Das indirekte Objektpronomen ***leur*** steht vor einem Nomen und ist veränderlich.
d Mit der Wendung ***être en train de faire qc*** drückt man aus, dass man gerade etwas tut.

Die Lösungen zu den Aufgaben findest du auf Seite 71.

A G35 Der Teilungsartikel – *L'article partitif*

Du kennst schon den **unbestimmten Artikel Plural** ***des***.
Er drückt eine **unbestimmte Menge** aus und steht **vor Nomen im Plural**.
Im **Deutschen** steht in diesem Fall **kein Artikel**.

Fabien achète	des	citrons	Fabien kauft		Zitronen
et	des	oranges.	und		Orangen.
	↑			↑	
Im Französischen: **unbest. Art. Plural**			Im Deutschen: **kein Artikel**		

NEU Der **Teilungsartikel** hat eine ähnliche Funktion. Er steht vor **Nomen im Singular**.

Fabien achète aussi	du	sucre,	Fabien kauft auch		Zucker,
	de la	farine			Mehl
et	de l'	eau.	und		Wasser.
Sa mère lui a donné	de l'	argent.	Seine Mutter hat ihm		Geld gegeben.
	↑			↑	
Im Französischen: **Teilungsartikel**			Im Deutschen: **kein Artikel**		

R Der **Teilungsartikel** ***du, de la, de l'*** wird aus ***de*** und dem **bestimmten Artikel** gebildet.
Er drückt eine **unbestimmte Menge** aus und steht vor **Nomen im Singular**.
Im **Deutschen** steht in diesem Fall **kein Artikel**.

Il achète	**beaucoup**	**d'**	oranges	Er kauft	**viele**	Orangen
et	**un kilo**	**de**	farine.	und	**ein Kilo**	Mehl.
Il n'achète	**pas**	**de**	lait.	Er kauft	**keine**	Milch.

1. Was fällt dir auf?

Tu manges tes frites **avec**	**du**	ketchup	Isst du deine Fritten **mit** Ketchup	
ou **sans**		ketchup?	oder **ohne** Ketchup?	

Gut gesehen! Nach ***avec*** steht der **Teilungsartikel**, nach ***sans*** aber nicht.

Merke dir:
„avec“ = **„mit“** Teilungsartikel,
„sans“ = **„ohne“** Teilungsartikel!
Oder ganz kurz:
„avec“ – „avec“
„sans“ – „sans“!

2. Fällt dir hier auch etwas auf?

J'**aime**	**les**	frites	Ich mag		Fritten,
mais je **déteste**	**le**	ketchup.	aber ich mag		Ketchup überhaupt nicht.

Nach ***aimer*** und ***détester*** steht kein unbestimmter Artikel und kein Teilungsartikel, stattdessen der **bestimmte Artikel**.
Das gilt auch für ***adorer*** (sehr gerne mögen) und ***préférer*** (vorziehen).

G 36 Das Pronomen „en“ – *Le pronom «en»*

Mit ***en*** lernst du ein weiteres Pronomen kennen. Es hat im Deutschen keine direkte Entsprechung. Es hat in etwa die Bedeutung „davon“.

1.

– Tu achètes	**du beurre?**	– Oui, j'	**en**	achète.	Ja, ich kaufe **welche (davon)**.
– Tu achètes aussi	**de la farine?**	– Oui, j'	**en**	achète aussi.	Ja, ich kaufe **welches (davon)**.
– Tu achètes	**de l'eau?**	– Oui, j'	**en**	achète.	Ja, ich kaufe **welches (davon)**.
– Tu achètes aussi	**des tomates?**	– Non, je n'	**en**	achète pas.	Nein, ich kaufe **keine (davon)**.

R 1 Das Pronomen ***en*** vertritt **Ergänzungen** mit ***de***.
Dies sind hier Nomen mit Teilungsartikel oder unbestimmtem Artikel Plural.

»

2.

– Tu achètes	**trois baguettes?**	– Non, j'	**en**	achète	**quatre.**	Nein, ich kaufe **vier (davon)**.
– On a	**assez de lait?**	– Oui, on	**en**	a	**assez.**	Ja, wir haben **genug (davon)**.
– Achète	**beaucoup d'eau.**	– J'	**en**	achète	**combien?**	**Wie viel** soll ich **(davon)** kaufen?
– Il y a encore	**une bouteille de vin?**	– Il y	**en**	a encore	**trois.**	Es sind noch **drei (davon)** da.

R 2 Das Pronomen ***en*** vertritt auch Nomen, denen ein **Zahlwort** *(trois)* oder eine **Mengenangabe** *(assez de, beaucoup de, une bouteille de)* vorausgeht.
Das Zahlwort bzw. die Mengenangabe wird nach dem Verb wieder aufgenommen oder durch ein anderes Zahlwort / eine andere Mengenangabe *(quatre)* ersetzt.

3. Stellung

Aus G 20, G 21 und G 30 kennst du schon die Regeln zur **Stellung der Objektpronomen** ***me, te, nous, vous, le, la, les, lui*** und ***leur***. Sie gelten auch für ***en***.

Tu prends **du sucre**?

J'**en prends**.	Ich nehme davon.	Je **vais en prendre**.	Ich werde davon nehmen.
Je **n'en prends pas**.	Ich nehme nicht davon.	Je **ne vais pas en prendre**.	Ich werde nicht davon nehmen.
J'**en ai** pris.	Ich habe davon genommen.		
Je **n'en ai pas** pris.	Ich habe nicht davon genommen.		

Vor dem **konjugierten** Verb! Verneinungswörter umklammern ***en*** und konjugiertes Verb.

Bei Verben mit **Infinitivanschluss vor** dem **Infinitiv**! Verneinungswörter umklammern nur konjugiertes Verb.

Wird das Pronomen ***en*** mit ***il y a*** gebraucht, steht ***y*** vor ***en***:
*Du lait? Il n'**y en** a plus.*

G 37 Die Verben „préférer“, „répéter“ und „payer“
Les verbes «préférer», «répéter» et «payer»

Die Verben ***préférer***, ***répéter*** und ***payer*** sind Verben auf ***-er***. Sie haben aber Besonderheiten.

	préférer	[pʀefeʀe]	**vorziehen**	**Passé composé:**
je	**préfère**	[ʒəpʀefɛʀ]	ich ziehe vor	j'ai préféré — ich habe vorgezogen
tu	**préfères**	[typʀefɛʀ]	du ziehst vor	
il / elle / on	**préfère**	[ilpʀefɛʀ] [ɛlpʀefɛʀ] [ɔ̃pʀefɛʀ]	er / sie / man zieht vor	
nous	**préférons**	[nupʀefeʀɔ̃]	wir ziehen vor	
vous	**préférez**	[vupʀefeʀe]	ihr zieht vor	
ils / elles	**préfèrent**	[ilpʀefɛʀ] [ɛlpʀefɛʀ]	sie ziehen vor	

Achte hier auf das **-è- (mit accent grave)** im Singular und in der 3. Person Plural.

Ebenso: répéter wiederholen je répète nous répétons ils/elles répètent j'ai répété
Imperativ: Répète. Répétons. Répétez.

Du siehst, dass sich im Singular und in der 3. Person Plural Aussprache und Schreibweise gegenüber den anderen Personen verändern. Das ist bei einer ganzen Reihe französischer Verben so. Schau z. B. noch einmal G 4 an *(appeler, acheter, envoyer)*. Man sagt hier, dass sich die **stammbetonten** von den **endungsbetonten** Formen unterscheiden.
Die Formen des Singular und der 3. Person Plural nennt man **„stammbetont“**, da nur der **Verbstamm hörbar** ist, nicht die Endung. Bei den übrigen Formen ist auch die **Endung hörbar**, sie heißen deshalb **„endungsbetont“**.
Schau dir nun das Verb ***payer*** an. Wie unterscheiden sich hier die stammbetonten von den endungsbetonten Formen?

	payer	[peje]	**bezahlen**	**Passé composé:**
je	**paie**	[ʒəpɛ]	ich bezahle	j'ai **payé** — ich habe bezahlt
tu	**paies**	[typɛ]	du bezahlst	
il / elle / on	**paie**	[ilpɛ] [ɛlpɛ] [ɔ̃pɛ]	er / sie / man bezahlt	**Imperativ:**
				Paie. — Bezahl!
nous	**payons**	[nupejɔ̃]	wir bezahlen	**Payons.** — Bezahlen wir!
vous	**payez**	[vupeje]	ihr bezahlt	**Payez.** — Bezahlt!/ Bezahlen Sie!
ils / elles	**paient**	[ilpɛ] [ɛlpɛ]	sie bezahlen	

Hier werden die **endungsbetonten** Formen mit **-y-** und die **stammbetonten** Formen mit **-i-** geschrieben.

B G 38 „ne … personne“

Du kennst schon die Verneinung mit ***ne … rien*** (nichts).
Du weißt auch, dass die Verneinungswörter das konjugierte Verb umklammern.
Participe passé und Infinitiv stehen nach dem zweiten Verneinungswort.

Aujourd'hui, je	**ne**	fais	**rien.**		Heute mache ich nichts.
Hier, je	**n'**	ai	**rien**	**fait**.	Gestern habe ich nichts gemacht.
Et demain, je	**ne**	vais	**rien**	**faire** non plus.	Und morgen werde ich auch nichts tun.

NEU Mit ***ne … personne*** (niemand) lernst du eine weitere Verneinung kennen, die allerdings bei der Stellung eine Besonderheit aufweist.

Aujourd'hui, je	**ne**	vois	**personne.**		Heute sehe ich niemand.
Hier, je	**n'**	ai **vu**	**personne.**		Gestern habe ich niemand gesehen.
Et demain, je	**ne**	vais **voir**	**personne**	non plus.	Morgen werde ich auch niemand sehen.
Et je	**ne**	vais **téléphoner** à	**personne.**		Und ich werde mit niemand telefonieren.

R Im Gegensatz zu den anderen Verneinungen steht bei ***ne … personne*** das zweite Verneinungswort ***(personne)* nach dem *Participe passé*** und **nach dem Infinitiv**.

Achte auf die Kurzformen ohne ***ne***:
– Qu'est-ce que tu fais? – **Rien.** (Nichts.)
– Tu vois quelqu'un? – Non. **Personne.** (Niemand.)

G 39 Das Verb „boire“ – *Le verbe «boire»*

				Passé composé:	
	boire	[bwaʀ]	**trinken**		
je	**bois**	[ʒəbwa]	ich trinke	j'ai **bu**	ich habe getrunken
tu	**bois**	[tybwa]	du trinkst		
il / elle / on	**boit**	[ilbwa] / [ɛlbwa] / [ɔ̃bwa]	er / sie / man trinkt	**Imperativ:**	
nous	**buvons**	[nubyvɔ̃]	wir trinken	Bois.	Trink!
vous	**buvez**	[vubyve]	ihr trinkt	Buvons.	Trinken wir!
ils / elles	**boivent**	[ilbwav] / [ɛlbwav]	sie trinken	Buvez.	Trinkt!/ Trinken Sie!

G 40 „il faut“

Mit ***il faut*** lernst du einen **unpersönlichen Ausdruck** kennen.

il faut + Nomen	Pour faire ce gâteau, **il faut des œufs** et **de la farine**.	Um diesen Kuchen zu backen, **braucht / benötigt man** Eier und Mehl.
	Mais **il** ne **faut pas de sel**.	Aber man **braucht / benötigt** kein Salz.
il faut + Infinitiv	**Il faut penser** au chocolat.	Man **muss** an die Schokolade denken.
	Il ne **faut** pas **mettre** trop de sucre.	Man **darf nicht** zu viel Zucker dazugeben.

R Den **unpersönlichen Ausdruck *il faut*** kann man mit einem **Nomen** (Bedeutung: „man braucht/benötigt“) verbinden.
Il faut kann auch mit einem **Infinitiv** verbunden werden (Bedeutung bejaht: „man muss etwas tun“, verneint: „man darf etwas nicht tun“).

Die Aufforderung mit ***il faut*** kann nicht nur unpersönlich („man“) verwendet werden, sondern sich auch auf konkrete Personen („du, ihr“) beziehen. Dies macht entweder schon der Zusammenhang klar. Oder man fügt ein indirektes Objektpronomen hinzu ***(me, te, lui, nous, vous, leur)***.

– Voilà ton cadeau, Magalie. Il faut l'ouvrir maintenant.	... **du** musst es jetzt öffnen.
– Attendez. Il **nous** faut encore du champagne.	... **wir** brauchen noch Champagner.
– Où est papi? Il **lui** faut ouvrir la bouteille.	... **er** muss die Flasche öffnen.

Alles klar?

1. *Ergänze den Text mit dem **Teilungsartikel** oder dem **unbestimmten Artikel Plural**.*

Mme Chapuis fait les courses. Elle achète

a ~ café,
b ~ bougies,
c ~ eau minérale,
d ~ fruits,
e ~ fromage,
f ~ salade,
g ~ tomates,
h ~ farine et
i ~ œufs.
j Dans la rue, elle a ~ chance,
k elle trouve ~ argent.

2. *Achte darauf, ob du den **Teilungsartikel**, den **bestimmten Artikel**, **„de" nach Mengenangaben** oder **gar keine Ergänzung** setzen musst.*

a M. Chapuis aime ~ café.
b Il boit toujours son café sans ~ lait mais avec ~ sucre.
c Il boit beaucoup ~ café.
d Mme Chapuis aime beaucoup ~ eau minérale.
e Et tous les jours, elle boit ~ jus d'orange.
f Elle boit trois bouteilles ~ eau minérale et une bouteille ~ jus d'orange par jour.

3. *Antworte auf die Fragen und setze das Pronomen **en** ein. Achte auf die Stellung.*

a – Vous avez pris des fruits?
– Oui, j'~
b – Tu prends de la mousse au chocolat?
– Non, je ~
c – Vous allez prendre du café après le repas?
– Non, nous ~
d – Tu as acheté deux baguettes?
– Non, j'~ trois.
e – Tu mets du sucre dans le café?
– Oui, j'~ toujours.
f – Tu ~ mets combien?
– J'~ beaucoup.

4. ***il faut/préférer/répéter/payer/boire/ne … personne:** Übersetze.*

a Man braucht Freunde im Leben.
b Und man darf nicht zu viel arbeiten.
c Ich habe niemand eingeladen.
d Und ich werde niemand einladen.
e Ich bezahle heute.
f Du hast gestern bezahlt.
g Wiederholt den Satz.
h Was trinkst du?
i Wir trinken nichts.
j Meine Freunde trinken Mineralwasser.

5. *Wie nennt man in der Grammatik die unterstrichenen Wörter in den folgenden Sätzen?*

a J'achète du sucre et de la farine.
b Mais j'achète aussi des fruits.
c J'aime les fruits.
d Je mange une orange par jour.

Die Lösungen zu den Aufgaben findest du auf Seite 72.

G41 Die indirekte Rede – *Le discours indirect*

Mit der **indirekten Rede** kannst du Aussagen anderer Personen wiedergeben.

	Nicolas **dit**: «Cécile chante bien.»	Nicolas sagt: „Cécile singt gut."
indirekt:	Nicolas **dit que** Cécile chante bien.	Nicolas sagt, **dass** Cécile gut singt.
	Il **explique**: «Elle va gagner.»	Er erklärt: „Sie wird gewinnen."
indirekt:	Il **explique qu'** elle va gagner.	Er erklärt, **dass** sie gewinnen wird.

R Die **indirekte Rede** wird durch die Konjunktion ***que*** (dass) eingeleitet.
Vor Vokal wird ***que*** zu ***qu'*** verkürzt.
Die **Wortstellung bleibt** wie in der direkten Rede.

1. Was fällt dir auf?
Achte auf die Veränderungen zwischen der direkten und der indirekten Rede.

Fabien dit:	« **J'** **ai** rangé **ma** chambre.»	„**Ich habe mein** Zimmer aufgeräumt."
	Il dit **qu'** **il** **a** rangé **sa** chambre.	… dass **er sein** Zimmer aufgeräumt **hat**.

Passe beim Übergang von der direkten in die indirekte Rede die Pronomen, die Verbformen und die Possessivbegleiter an. Das ist genauso wie im Deutschen.

2. Und was fällt dir hier auf? Achte auf die Konjunktion ***que***.

Französisch:	Mme Chapuis dit	**qu'**	elle ne travaille pas aujourd'hui.
Englisch:	She says		she doesn't work today.
Deutsch:	Sie sagt**,**		sie arbeitet heute nicht.

Anders als im Deutschen und Englischen, wo man auf ***dass*** bzw. ***that*** verzichten kann, muss im Französischen das ***que*** immer stehen. Vor ***que*** steht **kein Komma**.

la conjonction – die Konjunktion – das Bindewort

G 42 Die indirekte Frage – *L'interrogation indirecte*

Schau nun, wie eine **Frage indirekt** wiedergegeben wird.

1. Fragen ohne Fragewort (Entscheidungsfragen)

	Cécile **demande**:	«Fabien est là**?**»	Cécile fragt: „Ist Fabien da?"
indirekt:	Cécile **demande**	**si** Fabien est là.	Cécile fragt, **ob** Fabien da ist.
	Elle **veut savoir**:	«Il vient à la fête**?**»	Sie will wissen: „Kommt er zum Fest?"
indirekt:	Elle **veut savoir**	**s' il** vient à la fête.	Sie will wissen, **ob** er zum Fest kommt.

R 1 Die **indirekte Entscheidungsfrage** wird durch die Konjunktion ***si*** (ob) eingeleitet.
Nur vor ***il*** **und** ***ils*** wird ***si*** zu ***s'*** verkürzt. Vor ***si/s'*** steht kein Komma.
Die **Wortstellung bleibt** wie in der direkten Frage.

2. Fragen mit Fragewort (Ergänzungsfragen)

	Cécile **demande**:	«**Où** est Fabien?	Cécile fragt: „**Wo** Ist Fabien?"
indirekt:	Cécile **demande**	**où** est Fabien.	Cécile fragt, **wo** Fabien ist.
	Elle **veut savoir**:	«**Pourquoi** est-ce qu'il ne vient pas?»	Sie will wissen: „**Warum** kommt er nicht?"
indirekt:	Elle **veut savoir**	**pourquoi** il ne vient pas.	Sie will wissen, **warum** er nicht kommt.

R 2 Die **indirekte Ergänzungsfrage** wird durch das **Fragewort** eingeleitet, das auch in der direkten Ergänzungsfrage steht. Vor dem Fragewort steht kein Komma.

Was fällt dir hier auf? Achte auf ***est-ce que***.

Fabien demande:	**«Est-ce que**	Cécile est première?	Où	**est-ce qu'**	elle est?»
Il **demande**	**si**	Cécile est première et	**où**		elle est.

Gut gesehen! ***Est-ce que*** entfällt in der indirekten Frage.

G43 Die Zahlen von 1001 bis 999999 – *Les nombres de 1001 à 999999*

Du kennst bereits die Zahlen von **1 bis 1000**. Du kannst sie auf S. 79 nachschlagen.

NEU Nun lernst du die Zahlen von **1001** bis **999999** kennen.

1000	**mille** [mil]	**2200**	deux mille deux cents
1001	mille **un**/mille **une** [milɛ̃/milyn]	**2202**	deux mille deux **cent deux**
1100	mille cent	**10000**	dix mille
2000	deux mille	**200000**	deux cent mille

R ***Mille*** ist **unveränderlich** und hat deshalb nie ein ***-s***: *deux mille euros.*
Erinnere dich (→ G 10): Ab 200 haben die glatten Hunderter ein ***-s***: *deux cents.*
Wenn noch eine Zahl folgt, hat ***cent*** kein ***-s***: *deux cent deux.*

Es gilt auch hier, dass in Frankreich häufig alle Zahlen mit Bindestrich geschrieben werden, z. B.: 999999 = *neuf-cent-quatre-vingt-dix-neuf-mille-neuf-cent-quatre-vingt-dix-neuf.*
Das zählt in der Schule nicht als Fehler.

Jahreszahlen haben noch eine Besonderheit.
Unter 2000 kann man sie auf zweierlei Art ausdrücken:
*Ce musicien est né en **1632** =*
*en **seize cent** trente-deux* oder *en **mille six cent** trente-deux.*

Ab 2000 geht es nur mit *mille*: *Elle est née en **2001** =*
*en **deux mille** un.*

G 44 Die Ordnungszahlen – *Les nombres ordinaux*

Die Ordnungszahlen (der Erste, der Zweite, der Dritte usw.) braucht man, um eine Person oder eine Sache in einer Reihenfolge zu bestimmen.

1er **le premier** [pʀəmje]	11e le, la **onzième**	21e le, la vingt et un**ième** [vɛ̃teynjɛm]
1re **la première** [pʀəmjɛʀ]		
2e lela deux**ième** [døzjɛm]	12e le, la dou**zième**	22e le, la vingt-deux**ième**
3e lela trois**ième**	13e le, la trei**zième**	30e le, la tren**tième**
4e le, la quat**rième**	14e le, la quator**zième**	40e le, la quaran**tième**
5e le, la cinq**uième**	15e le, la quin**zième**	50e le, la cinquan**tième**
6e le, la six**ième**	16e le, la sei**zième**	60e le, la soixan**tième**
7e le, la sept**ième**	17e le, la dix-sept**ième**	70e le, la soixante-dix**ième**
8e le, la **huitième**	18e le, la dix-huit**ième**	80e le, la quatre-vingt**ième**
9e le, la neu**vième**	19e le, la dix-neu**vième**	90e le, la quatre-vingt-dix**ième**
10e le, la dix**ième**	20e le, la vingt**ième**	100e le, la cent**ième**
		1000e le, la mill**ième**

R Die **Ordnungszahlen** werden gebildet, indem man die Endung ***-ième*** an die jeweilige **Grundzahl** anhängt.
Bei den Grundzahlen, die auf ***-e*** enden, fällt das ***-e*** vor ***-ième*** weg.
Außer bei ***premier/première*** sind maskuline und feminine Form gleich.
Der Artikel wird nie apostrophiert *(**le** huitième, **le** onzième)*.

Auch die Ordnungszahlen können alle mit Bindestrich geschrieben werden:
le, la vingt-et-unième.
Am einfachsten ist es, wenn du die Ordnungszahlen beim Schreiben abkürzt: 1er, 1re, 2e, 3e …

Was fällt dir auf? Achte auf die Grund- und Ordnungszahlen!

le **1er (premier)** avril	der **erste** April
le **2 (deux)/3 (trois)/30 (trente)** avril	der **zweite/dritte/dreißigste** April
François **Ier (Premier)**	Franz der **Erste**
Napoléon **III (Trois)**	Napoléon der **Dritte**
Louis **XIV (Quatorze)**	Ludwig der **Vierzehnte**

Gut gesehen! Im Gegensatz zum Deutschen wird im Französischen bei Datumsangaben und Herrschernamen die Grundzahl verwendet, außer bei der Zahl 1.

G45 Der Imperativ mit einem Pronomen – *L'impératif avec un pronom*

Du kennst schon die Formen des Imperativs (***Regarde. Regardons. Regardez.***) und ihre Verneinung (***Ne regarde pas. Ne regardons pas. Ne regardez pas.***).

Du kennst auch schon die Objektpronomen ***me, te, nous, vous*** (→ G 19), ***le, la, les*** (→ G 21) und ***lui, leur*** (→ G 30).

NEU Nun lernst du, wie du **Imperative** mit einem **Pronomen** verbinden kannst. Achte dabei auf die Unterschiede zwischen **bejahtem** und **verneintem** Imperativ.

– J'invite Emma à ma fête?	– Oui,			**invite-la.**		Ja, lad sie ein!
	– Non,	**ne**	**l'**	**invite**	**pas.**	Nein, lad sie nicht ein.
– J'achète ces CD?	– Oui,			**achète-les.**		Ja, kauf sie!
	– Non,	**ne**	**les**	**achète**	**pas.**	Nein, kauf sie nicht.
– J'écris à Victor?	– Oui,			**écris-lui.**		Ja, schreib ihm!
	– Non,	**ne**	**lui**	**écris**	**pas.**	Nein, schreib ihm nicht.
– Je parle à tes copines?	– Oui,			**parle-leur.**		Ja, sprich mit ihnen!
	– Non,	**ne**	**leur**	**parle**	**pas.**	Nein, sprich nicht mit ihnen.
– Je te téléphone ce soir?	– Oui,			**téléphone-moi.**		Ja, ruf mich an!
	– Non,	**ne**	**me**	**téléphone**	**pas.**	Nein, ruf mich nicht an!

R Beim **bejahten Imperativ** stehen die Pronomen **hinter dem Verb**. Sie werden mit einem **Bindestrich** angeschlossen. Statt ***me*** und ***te*** stehen ***moi*** und ***toi***.
Beim **verneinten Imperativ** ist die Wortstellung wie im Aussagesatz:
Die Pronomen stehen **vor dem konjugierten Verb**.

G46 Das Verb „croire" – *Le verbe «croire»*

	croire	[kʀwaʀ]	**glauben**
je	**crois**	[ʒəkʀwa]	ich glaube
tu	**crois**	[tykʀwa]	du glaubst
il / elle / on	**croit**	[ilkʀwa] / [ɛlkʀwa] / [õkʀwa]	er / sie / man glaubt
nous	**croyons**	[nukʀwajõ]	wir glauben
vous	**croyez**	[vukʀwaje]	ihr glaubt
ils / elles	**croient**	[ilkʀwa] / [ɛlkʀwa]	sie glauben

Passé composé:

j'ai **cru**	ich habe bezahlt

Imperativ:

Crois …	Glaub …!
Croyons …	Glauben wir …!
Croyez …	Glaubt …!/ Glauben Sie …!

Ein **-y-** *bei nous und vous?*
Klar, das kenn ich schon von ***voir***! (→ G12)

Alles klar?

1. *Bilde die **indirekte Rede/Frage**. Achte auf alle Veränderungen.*

   a Cécile dit à sa mère: «J'ai faim.»
   b Mme Chapuis demande à ses enfants: «Est-ce que vous avez fait vos devoirs?»
   c Ils répondent: «Nous voulons d'abord aller chez nos copains.»
   d M. Chapuis veut savoir: «Quand est-ce que vous allez rentrer à la maison?»

2. *Schreibe folgende **Zahlen** in Ziffern.*

   a cinq mille
   b cinq mille cinq cents
   c dix mille sept cent quatre-vingt-un
   d neuf cent quatre-vingt-dix mille neuf cent

3. *Übersetze:*

   a der 28. Oktober
   b Ludwig der Zweite
   c sein elftes Album
   d der erste Platz

4. *Benutze in den Antworten den **Imperativ**. Ersetze die unterstrichenen Wörter durch ein **Pronomen**.*

   a – Je peux téléphoner <u>à mon grand-père</u>?
   – Oui, ~
   b – Je peux lire <u>la lettre de Marc</u>?
   – Non, ~
   c – J'écris <u>à tes copains</u>?
   – Oui, ~
   d – On écoute <u>ton nouveau CD</u>?
   – Non, ~
   e – Je <u>t'</u>attends devant le cinéma?
   – Oui, ~
   f – Je peux <u>t'</u>appeler ce soir?
   – Non, ~

Die Lösungen zu den Aufgaben findest du auf Seite 72.

LEÇON 8

A G47 Die Fragen mit „qui est-ce qui" usw. – *Les questions avec «qui est-ce qui» etc.*

Du kennst schon Fragen mit ***Qui*** und ***Que*** sowie die Frage mit ***Qu'est-ce que***.

Qui peut aider les Bajot?	**Wer** kann den Bajots helfen?
Que fait Mme Bajot?	**Was** macht Frau Bajot?
Qu'est-ce que Mme Marcou fait pour les Bajot?	**Was** tut Frau Marcou für die Bajots?

NEU Nun lernst du weitere Fragetypen kennen.

1. Frage nach Personen:

Qui est-ce **qui** peut donner des informations?	**Wer** kann Informationen geben?	**Subjekt** → Wer?
Qui est-ce **que** Mme Bajot appelle?	**Wen** ruft Frau Bajot an?	**direktes Objekt** → Wen?

R 1 Mit ***Qui** est-ce **qui*** fragt man nach **Personen**, die **Subjekt** sind. **(Wer?)**
Mit ***Qui** est-ce **que*** fragt man nach **Personen**, die **direktes Objekt** sind. **(Wen?)**

2. Frage nach Sachen:

Qu'est-ce **qui** intéresse les Bajot?	**Was** interessiert die Bajots?	**Subjekt** → Was?
Qu'est-ce **que** les Bajot vont faire?	**Was** werden die Bajots machen?	**direktes Objekt** → Was?

R 2 Mit ***Qu'est-ce qui*** fragt man nach **Sachen, Tätigkeiten oder Ereignissen**, die **Subjekt** sind. **(Was?)**
Mit ***Qu'est-ce que*** fragt man nach **Sachen, Tätigkeiten oder Ereignissen**, die **direktes Objekt** sind. **(Was?)**

Hier noch einmal im Überblick:

Person	**Qui**		**qui**	**Subjekt** (**Wer? Was?**)
		est-ce		
Sache	**Qu'**		**que**	**direktes Objekt** (**Wen? Was?**)

Hinweise zur Verwendung dieser Frageformen:

Wer? (Subjekt)	**Qui** peut nous aider? **Qui est-ce qui** peut nous aider?	Wer kann uns helfen?	***Qui*** und ***Qui est-ce qui*** sind beide möglich.
Was? (dir. Objekt)	**Que** dit Mme Carbonne? **Qu'est-ce qu'**elle dit? **Qu'est-ce que** Mme Carbonne dit à Mme Bajot?	Was sagt Frau Carbonne? Was sagt sie? Was sagt Frau Carbonne zu Frau Bajot?	***Que*** bei kurzen Fragen mit Nomen. ***Qu'est-ce que*** ist häufiger.
Wen? (dir. Objekt)	**Qui est-ce que** tu vois?	Wen siehst du?	Hier nur ***Qui est-ce que*** und ***Qu'est-ce qui***.
Was? (Subjekt)	**Qu'est-ce qui** t'intéresse?	Was interessiert dich?	

G48 Die unverbundenen Personalpronomen – *Les pronoms personnels disjoints*

Du kennst schon die Subjektpronomen ***je, tu, il, elle, on, nous, vous, ils, elles.*** Sie werden immer in Verbindung mit einem Verb benutzt. Deshalb nennt man sie auch **verbundene Personalpronomen**.

NEU Im Französischen gibt es auch **Personalpronomen**, die nicht mit einem Verb verbunden sind. Man nennt sie **unverbundene Personalpronomen**.

Singular	Plural
moi	**nous**
toi	**vous**
lui / elle	**eux / elles**

– J'ai faim. **Toi** aussi**?**	– Ich habe Hunger. **Du** auch?
– Qui prépare le repas aujourd'hui? – C'**est moi.**	– Wer bereitet heute das Essen vor? – **Ich.**
– Je peux le préparer **avec toi.**	– Ich kann es **mit dir** vorbereiten.
– Ta mère va venir aussi?	– Wird deine Mutter auch kommen?
– Oui, mais on commence déjà **sans elle.**	– Ja, aber wir fangen schon **ohne sie** an.

R 1 Die unverbundenen Personalpronomen stehen **in verkürzten Sätzen ohne Verb**, nach ***c'est/ce sont*** oder **nach Präpositionen**.

Moi, je fais la salade de tomates. — **Ich** mache den Tomatensalat.

Toi, tu prépares les spaghettis. — **Du** bereitest die Spaghetti zu.

– Et Emma et Fabien? Qu'est-ce qu'ils vont faire? — – Und was werden Emma und Fabien machen?
– **Eux, ils** vont mettre la table. — – **Sie** werden den Tisch decken.

Et **Zoé, elle**, va ranger la salle à manger. — Und **Zoé** wird das Esszimmer aufräumen.

Zoé: Je n'ai pas envie de travailler. — *Zoé:* Ich habe keine Lust zu arbeiten.
Je suis fatiguée, **moi**. — **Ich** bin müde.

R 2 Zusammen mit **verbundenen Personalpronomen** ***(Moi, je …)*** oder **Nomen** ***(Zoé, elle …)*** dienen die unverbundenen Personalpronomen der **Hervorhebung**.

G 49 Das Verb „courir" – *Le verbe «courir»*

	courir	[kuRiR]	**laufen**
je	**cours**	[ʒəkuR]	ich laufe
tu	**cours**	[tykuR]	du läufst
il / elle / on	**court**	[ilkuR] / [ɛlkuR] / [õkuR]	er / sie / man läuft
nous	**courons**	[nukuRõ]	wir laufen
vous	**courez**	[vukuRe]	ihr lauft
ils / elles	**courent**	[ilkuR] / [ɛlkuR]	sie laufen

Passé composé:

j'**ai** cour**u**	ich **bin** gelaufen

Imperativ:

Cours.	Lauf!
Courons.	Laufen wir!
Courez.	Lauft!/ Laufen Sie!

Bei ***courir*** und ***marcher*** wird das *Passé composé* mit ***avoir*** gebildet!

Merksatz:
Tu as marché et ***j'ai couru***,
mit ***avoir*** lauf ich ohne Müh.

B G 50 Die reflexiven Verben – *Les verbes pronominaux*

Wie im Deutschen (z. B. „**sich** setzen“, „**sich** amüsieren“) gibt es auch im Französischen reflexive (rückbezügliche) Verben. Sie werden immer von einem Pronomen, dem **Reflexivpronomen**, begleitet, das sich auf das Subjekt des Satzes (zurück-)bezieht.

Emma et Fabien **se disputent** souvent.	Emma und Fabien **streiten sich** oft.
Les enfants **s'amusent** bien à l'école.	Die Kinder **amüsieren sich** gut in der Schule.

1. Formen

se cacher – sich verstecken

je	**me**	**cache**	… mich
tu	**te**	**caches**	… dich
il/elle/on	**se**	**cache**	… sich
nous	**nous**	**cachons**	… uns
vous	**vous**	**cachez**	… euch
ils/elles	**se**	**cachent**	… sich
	↑ Reflexivpronomen		

s'amuser – sich amüsieren

je	**m'**	**amuse**	… mich
tu	**t'**	**amuses**	… dich
il/elle/on	**s'**	**amuse**	… sich
nous	**nous**	**‿amusons**	… uns
vous	**vous**	**‿amusez**	… euch
ils/elles	**s'**	**amusent**	… sich
	↑ Reflexivpronomen		

R 1 Die reflexiven Verben haben immer ein **Reflexivpronomen** bei sich.
Vor Vokal (und „stummem h“) werden *me, te, se* zu ***m', t', s'*** verkürzt.

[**2. Passé composé**] (Für alle, die schon mehr wissen wollen!)

Fabien s'**est** promen**é**.	Fabien ist spazieren gegangen.
Emma s'**est** promené**e**.	Emma ist spazieren gegangen.
Victor et Fabien se **sont** disput**és**.	Victor und Fabien haben sich gestritten.
Emma et sa sœur se **sont** disputé**es**.	Emma und ihre Schwester haben sich gestritten.

R 2 Das ***Passé composé*** der reflexiven Verben wird mit ***être*** + ***Participe passé*** gebildet.
Das ***Participe passé*** richtet sich hier nach dem **Subjekt**. Das ist wie bei allen Verben, die das ***Passé composé*** mit ***être*** bilden (→ G 16).

le verbe pronominal – das reflexive Verb – das rückbezügliche Verb
le pronom réfléchi – das Reflexivpronomen – das rückbezügliche Fürwort

3. Stellung

Die Regeln zur **Stellung der Objektpronomen** gelten auch für die **Reflexivpronomen**.

Il **se cache**.	Er versteckt sich.	Il **va se cacher**.	Er wird sich verstecken.
Il **ne se cache pas**.	Er versteckt sich nicht.	Il **ne va pas se cacher**.	Er wird sich nicht verstecken.
Il **s'est** caché.	Er hat sich versteckt.		
Il **ne s'est pas** caché.	Er hat sich nicht versteckt.		

Vor dem **konjugierten** Verb! Verneinungswörter umklammern Reflexivpronomen und konjugiertes Verb.

Bei Verben mit **Infinitivanschluss vor** dem **Infinitiv**! Verneinungswörter umklammern nur konjugiertes Verb.

Ja, ich weiß! Der **Imperativ** ist ganz regelmäßig (→ G45):
Cache-**toi**. **Ne te** cache **pas**.
Levez-**vous**. **Ne vous** levez **pas**.

G51 Das Verb „conduire" – *Le verbe «conduire»*

	conduire	[kõdɥiʀ]	**(jdn.) fahren/führen, Auto fahren**		
je	**conduis**	[ʒəkõdɥi]	ich fahre	**Passé composé:**	
tu	**conduis**	[tykõdɥi]	du fährst	j'ai **conduit**	ich habe jdn. gefahren/ich bin Auto gefahren
il / elle / on	**conduit**	[ilkõdɥi] / [ɛlkõdɥi] / [õkõdɥi]	er / sie / man fährt		
				Imperativ:	
nous	**conduisons**	[nukõdɥizõ]	wir fahren	Conduis.	Fahr!
vous	**conduisez**	[vukõdɥize]	ihr fahrt	Conduisons.	Fahren wir!
ils / elles	**conduisent**	[ilkõdɥiz] / [ɛlkõdɥiz]	sie fahren	Conduisez.	Fahrt!/ Fahren Sie!

Ebenso: **construire** bauen je **construis** nous **construisons** j'ai **construit**

Imperativ: Construis … Construisons … Construisez …

Alles klar?

1. *Ergänze die folgenden Fragen mit **qui est-ce qui, qui est-ce que, qu'est-ce qui** oder **qu'est-ce que**.*

a – ~ tu vas faire cet après-midi?
b – ~ va t'accompagner?
c – ~ tu as appelé?
d – ~ vous allez rencontrer?
e – ~ vous a téléphoné?
f – ~ se passe?

Wo kann man statt mit *qui est-ce qui* einfach nur mit *qui* fragen?

2. *Ergänze die Sätze durch die Personalpronomen **moi, toi, lui, elle, nous, vous, eux, elles**.*

a ~, j'aime la mer et le soleil; mes parents, ~, préfèrent la montagne. C'est pourquoi je ne pars pas en vacances avec ~ . ~ , j'aime la natation. ~, ils font toujours des promenades. Ma sœur, ~ , aime bien ça.

b – Allô, Victor? Je suis avec Emma. Tu viens avec ~ ? Nous voulons faire de l'escalade. Tu comprends, sans ~ , ce n'est pas intéressant.
– Non, je ne peux pas, j'ai rendez-vous avec Marc. ~ , il m'a invité à faire un tour en vélo. Alors, je ne peux pas venir avec ~ .

c – Qu'est-ce que vous allez faire, ~ ?
~ , je vais au cinéma. Est-ce que vous n'avez pas envie de venir avec Zoé et ~? Adeline et Cécile, ~ , viennent aussi.

3. *Übersetze. Achte auf die Stellung der **Reflexivpronomen**.*

a Was ist los hier *(se passer)*?
b Warum streitet ihr euch?
c Ihr sollt euch nicht streiten.
d Streite dich nicht mit ihr!
e Wir gehen spazieren.
f Wir können uns in der Stadt amüsieren.
g Amüsier dich gut!
h Stehen wir auf!

[4. ***Gleiche das Participe passé an**, wenn es notwendig ist. Schreibe die Sätze in dein Heft.*]

a Emma et Victor sont allé~ au cinéma.
b Emma a payé~ pour Victor.
c Puis ils se sont promené~ en ville.
d Victor s'est bien amusé~.
e Emma a beaucoup ri~.
f Tout à coup, Malika est arrivé~.
g Emma et Malika se sont disputé~.
h Victor est parti~.

5. *Welche Aussage stimmt? Verbessere die falschen Aussagen.*

a Mit ***qu'est-ce qui*** fragt man nach Personen, die Subjekt des Satzes sind.
b Mit ***qui est-ce que*** fragt man nach Personen, die direktes Objekt des Satzes sind.
c Die **unverbundenen Personalpronomen** können nie ohne Verb stehen.
d Das Verb ***courir*** bildet das ***Passé composé*** mit ***être***.
e Bei Verben mit Infinitivanschluss stehen die Reflexivpronomen vor dem konjugierten Verb.

Die Lösungen zu den Aufgaben findest du auf Seite 72.

Zoom S. 5–7 **1c**, **2a**, **3b**, **4b**, **5e**, **6f** und **i**, **7l**, **8a**

L1

1. **a** – Tu **vends** tes CD, Victor? Alors, j'**achète** le CD avec le rap sur Paris. **b** – J'**appelle** Emma et Léa sur mon portable. Mais elles ne **répondent** pas. – Elles n'**entendent** rien. Elles jouent au tennis. **c** – Qu'est-ce que nous **attendons**? Nous **perdons** notre temps. – Oui, nous **commençons** tout de suite à jouer. **d** – Vous **comprenez** l'allemand? – Non, je ne **comprends** rien. J'**apprends** l'anglais. **e** – **Attendez**, monsieur le professeur, j'**envoie** un SMS à mes parents. – C'est bizarre, les jeunes n'**envoient** plus de cartes postales. **f** – Qu'est-ce que vous **dites**? – Je ne **dis** rien. **g** – Vous **attendez** les filles? – Oui, elles **achètent** des souvenirs. **h** – Allons au cinéma mais **changeons** d'abord de vêtements. – Et qu'est-ce qu'elles **disent**, tes copines? — G 1, 2, 4, 5

2. **a** 89 **b** 71 **c** 91 **d** 100 **e** 74 **f** 97 **g** 80 **h** 81 — G 3

3. **a** J'**ai regardé** la nature. **b** Nous **avons joué** au foot. **c** Tu **as rigolé**. **d** Vous **avez fait** du canoë. **e** Nous **avons acheté** des cadeaux. **f** Tu **as commencé** à danser. **g** Elle **a raconté** une histoire. **h** On **a fait** des découvertes. — G 6, 7

4. Die Aussage **b** stimmt: ***„Dire**, **écrire*** und ***lire*** haben im Singular dieselben Endungen ***-s***, ***-s***, ***-t***“. — G 2
   Verbesserung der falschen Aussagen: **a** Bei den Verben auf *-dre* wird das *-d-* des Infinitivs nur in den **Plural**formen ausgesprochen. — G 1
   c Das *Passé composé* der meisten Verben wird gebildet aus einer Präsensform des Hilfsverb *avoir* und dem ***Participe passé***. — G 6
   d Die Verben auf *-er* bilden das *Participe passé* auf ***-é***. — G 7

L2

1. **a** J'**ai vendu** mon vélo. **b** J'**ai écrit** une carte postale. **c** J'**ai perdu** mon casque. **d** J'**ai lu** le journal. **e** J'**ai été** au cinéma. **f** **J'ai** attendu mes amis. **g** Je **n'ai pas vu** mes amis. **h** Je **n'ai pas mis** la table. **i** Je **n'ai pas voulu** regarder la télé. **j** Je **n'ai pas ouvert** mon cahier de français. **k** Je **n'ai pas appris** le vocabulaire. **l** Je **n'ai pas eu** envie de travailler. — G 8

2. **a** soixante-dix-neuf = 79 **b** quatre-vingt-treize = 93 **c** huit cent quatre-vingt-huit = **888** **d** mille = **1000** **e** huit cent quatorze = **814** **f** deux cent soixante-trois = **263** **g** quatre-vingt-dix-neuf = **99** **h** trois cent trente-trois = **333**; **i** cent soixante et onze = **171** — G 10

3. **a** **Pas encore!** / Je n'ai pas encore vu le nouveau film à la Géode. G 11
b **Moi non plus!** / Moi non plus, je n'aime pas les copains de Léa. / Moi je n'aime pas non plus les copains de Léa. **c** **Pas du tout!** / Mon copain n'aime pas du tout le foot. **d** **Pas encore!** / Je n'ai pas encore écrit la carte postale à ma mère. **e** **Pas du tout!** / Les élèves n'ont pas du tout compris la question. **f** **Moi non plus!** / Moi non plus, je ne danse pas. / Je ne danse pas non plus.
Die richtige Antwort lautet: „Je ne travaille plus." Übersetzung: „Es ist Mitternacht! Arbeitest du noch? – Ich arbeite nicht mehr!"

4. Das unterstrichene Wort kann man **„konjugierte Form des Verbs"** nennen. G 11

L3

1. **a** – Tu **sors**? – Non, je **ne sors pas**. Je **dois** travailler. **b** – Tu **as reçu** ma carte postale? **c** – Tu **viens**? On **part**! **d** – Ils ne **sortent** jamais. Mais ils **reçoivent** beaucoup d'amis. **e** – Manon et Valentin, vous **devez** rester dans vos chambres. **f** – Tu **as dormi**, Malika? – Non, je ne peux pas **dormir**. **g** – Vous **partez** déjà? – Oui, nous **devons** rentrer à la maison. **h** – Tes amis **sont venus**? – Non. Ils **ne viennent plus** chez moi. **i** – Je **ne reçois plus** de nouvelles de toi! **j** – **Venez** chez moi, monsieur. Je vous invite. G 13, 14, 15, 16, 17, 18

2. **être:** venir, sortir, monter, descendre, entrer, partir, aller, rester, rentrer G 15
avoir: téléphoner, chercher, prendre, discuter, montrer, rencontrer, bouger

3. Emma **a raconté**: Je **suis allée** chez Malika. On **a discuté** un peu. Après, nous **sommes sorties**. Puis, nous **avons pris** le métro. Nous **sommes arrivées** à la station Rivoli vingt minutes après. Là, nous **avons rencontré** Christian et Thomas. Christian **a montré** ses dessins. Après, nous **sommes partis** ensemble. Tout à coup, maman **a appelé** sur mon portable. Moi, je **suis rentrée** à la maison, Malika **est restée** avec les garçons. Ils **sont entrés** dans un café. G 15, 16

4. **a** Tu **me** montres tes dessins? **b** Les parents veulent **nous** voir. **c** Je ne **vous** entends pas. **d** Manon **t'**invite à sa fête. **e** Elle **nous** attend. **f** Tu vas **m'**écrire? **g** Je **te** donne 3 €. **h** Ils ne peuvent pas **vous** aider. G 19, 20

5. Die Aussage **c** stimmt: „***Me, te, nous, vous*** können indirekte und direkte Objektpronomen sein.". G 19
Verbesserung der falschen Aussagen: **a** Bei den Verben auf ***-ir*** der Gruppe ***sortir*** ist im Präsens der **Singular**stamm verkürzt. G 13
b Das **Subjekt** entscheidet, ob das *Participe passé* beim *Passé composé* mit *être* verändert wird. G 16
d Die Objektpronomen stehen immer vor dem Verb, bei Verben mit Infinitivanschluss stehen sie **vor** dem Infinitiv. G 20

L4

1. **a** Oui, je **le** regarde. **b** Non, je **ne la lis pas**. **c** Oui, je veux **l'**écouter. **d** Non, je **ne vais pas les acheter**. **e** Oui, je **l'ai** aimé. **f** Non, je **ne l'ai pas** acheté. G 21

2. **a** Tu **vis** à Paris maintenant? **b** Oui, Paris me **plaît** beaucoup. **c** Alors, tu **connais** bien la ville? **d** Non, nous ne **vivons** pas au centre. Nous **connaissons** bien notre banlieue. Et j'ai déjà visité la tour Eiffel. Ça m'a bien **plu**. **e** Vous **avez vécu** à Toulouse avant? **f** Oui, et à Toulouse, j'**ai connu** des moments super. Mais là où on **vit** mantenant, c'est très bien aussi. Et il y a des cafés qui me **plaisent** beaucoup. — G 22, 23, 24

3. **a** Tu connais la dame **qui** habite 13 rue Montrouge? **b** C'est une dame **que** je connais bien. **c** Dans la rue **où** elle habite, il y a beaucoup de magasins. **d** Je vais toujours dans un magasin **où** on peut acheter des vêtements **qui** ne sont pas chers. **e** Souvent, Mme Leclerc m'aide à trouver un vêtement **qui** me plaît. **f** J'aime les vêtements **qu'**on peut acheter dans ce magasin. — G 25

4. **a** **Quelles** photos est-ce que tu regardes? **b** Elles sont **belles**. **c** Est-ce qu'elles sont **vieilles** ou **nouvelles**? **d** Tu aimes **cet** acteur? **e** **Quel** acteur? **f** **Ce bel** acteur anglais sur **cette** photo? **g** **Quel bel** homme! **h** Oui, il est **beau** dans sa **nouvelle** voiture. **i** Regarde **ce vieil** arbre et **cette vieille** maison. **j** Oh, il est très **vieux**, **cet** arbre! — G 27, 28, 29

5. **a** Je n'aime pas le texte que tu as écri**t**. **b** Mais j'aime la musique que tu as écri**te**. **c** Tu es une fille qui a écri**t** des belles chansons. **d** *Cécile dit à Emma:* Ce gâteau, tu l'as fai**t** pour moi? **e** J'ai bien aimé le gâteau que tu m'as fai**t**. **f** *Emma:* Et cette mousse au chocolat, je l'ai aussi fai**te** pour toi. — G 26

6. **a** Demonstrativbegleiter. **b** Direktes Objektpronomen. **c** Relativpronomen. **d** Fragebegleiter — G 27, 21, 25, 28

L 5

1. **a** Oui, je **lui** donne le CD. / Non, je **ne lui donne pas** le CD. **b** Oui, je **leur** ai téléphoné. / Non, je **ne leur ai pas téléphoné**. **c** Oui, je peux **leur expliquer** les devoirs. / Non, je ne peux pas **leur expliquer** les devoirs. **d** Oui, je **lui ai** montré ma chambre. / Non, je **ne lui ai pas** montré ma chambre. — G 30

2. **a** Ici, **tout le** monde va bien. **b** **Tous les** copains sont là. **c** **Toute la** journée, nous faisons du sport. **d** Le soir, c'est la fête dans **toutes les** chambres. **e** **Tous les** jours, on mange des frites. **f** Ici, **toutes les** activités me plaisent bien. — G 31

3. **a** Les élèves **rient**. Le professeur leur dit: «Pourquoi est-ce que vous **riez**? **Ne riez pas.**» Les élèves répondent: «Nous n'avons pas **ri**, monsieur!» **b** Au restaurant: – Madame, Monsieur, voici la carte. **Choisissez**. – Qu'est-ce que tu prends, chérie? – Je ne sais pas. Je **réfléchis**. – Vous **avez choisi**? – Non, nous **réfléchissons** encore. **c** La prof dit: «Cécile, sur ta vidéo, tu **as bien réussi** à montrer la vie chez nous.» Elle **applaudit**. Les élèves **applaudissent** aussi. — G 32, 33

4. **a** Mais si, il **vient d'arriver**. **b** Non, je **suis en train de les faire**. **c** Je **suis en train de regarder** la télé. **d** Oui, je **viens de lui téléphoner**. — G 34

5. Die Aussage **d** stimmt: „Mit der Wendung ***être en train de faire qc*** drückt man aus, dass man gerade etwas tut.“ G 34
Verbesserung der falschen Aussagen: **a** Bei den Verben auf *-ir* der Gruppe *finir* ist im Präsens der Pluralstamm durch ***-ss-* erweitert.** G 32
b Nach *tout* („ganz/alle“) steht ein **zweiter** Begleiter. G 31
c Das indirekte Objektpronomen *leur* steht vor einem **Verb** und ist **unveränderlich**. G 30

L6

1. **a** **du** café, **b** **des** bougies, **c** **de l'**eau minérale, **d** **des** fruits, **e** **du** fromage, **f** **de la** salade, **g** **des** tomates, **h** **de la** farine et **i** **des** œufs. **j** Dans la rue, elle a **de la** chance, **k** elle trouve **de l'**argent. G 35
2. **a** M. Chapuis aime **le** café. **b** Il boit toujours son café **sans lait** mais avec **du** sucre. **c** Il boit beaucoup **de** café. **d** Mme Chapuis aime beaucoup **l'**eau minérale. **e** Et tous les jours, elle boit **du** jus d'orange. **f** Elle boit trois bouteilles **d'**eau minérale et une bouteille **de** jus d'orange par jour. G 35
3. **a** Oui, j'**en ai pris**. **b** Non, je **n'en prends pas**. **c** Non, nous **n'allons pas en prendre**. **d** Non, j'**en ai acheté** trois. **e** Oui, j'**en mets** toujours. **f** – Tu **en** mets combien? – J'**en mets** beaucoup. G 36
4. **a** Il faut des amis dans la vie. **b** Et il ne faut pas trop travailler. **c** Je n'ai invité personne. **d** Et je ne vais inviter personne. **e** Je paie aujourd'hui. **f** Tu as payé hier. **g** Répétez la phrase. **h** Qu'est-ce que tu bois? **i** Nous ne buvons rien. **j** Mes amis boivent de l'eau minérale. G 40, 38, 37, 39
5. **a** Teilungsartikel **b** unbestimmter Artikel Plural **c** bestimmter Artikel Plural **d** unbestimmter Artikel Singular G 35

L7

1. **a** Cécile dit à sa mère **qu'elle a** faim. **b** Mme Chapuis demande à ses enfants **s'ils ont** fait **leurs** devoirs. **c** Ils répondent **qu'ils** veulent d'abord aller chez **leurs** copains. **d** M. Chapuis veut savoir **quand ils vont** rentrer à la maison. G 41, 42
2. **a** 5000 **b** 5500 **c** 10781 **d** 990900 G 43
3. **a** le vingt-huit octobre **b** Louis Deux **c** son onzième album **d** la première place G 44
4. **a** Oui, **téléphone-lui**. **b** Non, **ne la lis pas**. **c** Oui, **écris-leur**. **d** Non, **ne l'écoutons pas**. **e** Oui, **attends-moi**. **f** Non, **ne m'appelle pas**. G 45

L8

1. **a** – **Qu'est-ce que** tu vas faire cet après-midi? **b** – **Qui est-ce qui** va t'accompagner? **c** – **Qui est-ce que** tu as appelé? **d** – **Qui est-ce que** vous allez rencontrer? **e** – **Qui est-ce qui** vous a téléphoné? **f** – **Qu'est-ce qui** se passe? G 47
Einfaches ***Qui?*** in **b** *(**Qui** va t'accompagner?)* und **e** *(**Qui** vous a téléphoné?)*.

2. **a** **Moi**, j'aime la mer et le soleil; mes parents, **eux**, préfèrent la montagne. C'est pourquoi je ne pars pas en vacances avec **eux**. **Moi**, j'aime la natation. **Eux**, ils font toujours des promenades. Ma sœur, **elle**, aime bien ça. **b** – Allô, Victor? Je suis avec Emma. Tu viens avec **nous**? Nous voulons faire de l'escalade. Tu comprends, sans **toi**, ce n'est pas intéressant. – Non, je ne peux pas, j'ai rendez-vous avec Marc. **Lui**, il m'a invité à faire un tour en vélo. Alors, je ne peux pas venir avec **vous**. **c** – Qu'est-ce que vous allez faire, **vous**? **Moi**, je vais au cinéma. Est-ce que vous n'avez pas envie de venir avec Zoé et **moi**? Adeline et Cécile, **elles**, viennent aussi. G 48

3. **a** Qu'est-ce qui se passe ici? **b** Pourquoi est-ce que vous vous disputez? **c** Vous ne devez pas vous disputer. **d** Ne te dispute pas avec elle. **e** Nous nous promenons. **f** Nous pouvons nous amuser en ville. **g** Amuse-toi bien. **h** Levons-nous. G 50

4. **a** Emma et Victor sont allé**s** au cinéma. **b** Emma a pay**é** pour Victor. **c** Puis ils se sont promené**s** en ville. **d** Victor s'est bien amus**é**. **e** Emma a beaucoup r**i**. **f** Tout à coup, Malika est arrivé**e**. **g** Emma et Malika se sont disputé**es**. **h** Victor est part**i**. G 16, 50

5. Die Aussage **b** stimmt: „Mit ***qui est-ce que*** fragt man nach Personen, die direktes Objekt des Satzes sind." G 47
   Verbesserung der falschen Aussagen: **a** Mit *qu'est-ce qui* fragt man nach **Sachen**, die Subjekt des Satzes sind. G 47
   c Die unverbundenen Personalpronomen können **ohne Verb** stehen. G 48
   d Das Verb *courir* bildet das *Passé composé* mit ***avoir***. G 49
   e Bei Verben mit Infinitivanschluss stehen die Reflexivpronomen vor dem **Infinitiv**. G 50

1. Der Plural der Nomen: Besonderheiten – *Le pluriel des noms: particularités*

un anim**al**	des anim**aux**	ein Tier/Tiere	**-al → -aux**
un trav**ail**	des trav**aux**	eine Arbeit/Arbeiten	**-ail → -aux**
un cad**eau**	des cad**eaux**	ein Geschenk/Geschenke	**-eau → -eaux**
un **jeu**	des **jeux**	ein Spiel/Spiele	**-eu → -eux**
un tr**ou**	des trou**s**	ein Loch/Löcher	**-ou → -ous**
un ch**ou**	des chou**x**	Kohl	**-ou → -oux**
un repa**s** un pri**x**	des repa**s** des pri**x**	eine Mahlzeit/Mahlzeiten ein Preis/Preise	**-s → -s** **-x → -x**

Weitere Besonderheiten:

madame → **mes**dame**s**

mademoiselle → **mes**demoiselle**s**

monsieur → **mes**sieur**s**

une BD → des BD_ (ebenso: des CD, des DVD)

les Carbonne_ *(Familiennamen im Plural ohne* ***–s!****)*

2. Der Plural der zusammengesetzten Nomen – *Le pluriel des noms composés*

un porte-monnaie	des porte-monnaie**s**	ein Geldbeutel/Geldbeutel	**Verb + Nomen**
un sac à dos une salle de bains	des sac**s** à dos des salle**s** de bains	ein Rucksack/Rucksäcke ein Badezimmer/Badezimmer	**Nomen + *à/de***
un plat princip**al** une carte postale une grand-mère un grand-père	des plat**s** princip**aux** des carte**s** postal**es** des grand**s**-mère**s** des grand**s**-père**s**	ein Hauptgericht/Hauptgerichte eine Postkarte/Postkarten eine Großmutter/Großmütter ein Großvater/Großväter	**Adjektiv + Nomen**
un après-midi	des après-midi**s**	ein Nachmittag/Nachmittage	**Präposition + Nomen**

3. Die verbundenen und die unverbundenen Personalpronomen

Les pronoms personnels conjoints et disjoints

– Allô, c'est **moi**.
– Ah, c'est **toi**. Euh …
– Tu **m'**écoutes? Je **vous** ai envoyé un e-mail. Tu **l'**as lu?
– Non, je ne **l'**ai pas lu.
– Ah bon? Nos grands-parents **nous** invitent. Il faut **leur** répondre tout de suite.
– D'accord. Mais dis-**moi**, c'est quand?

– Hallo, **ich** bin's.
– Ach, **du** bist's. Äh …
– Hörst du **mir** zu? Ich habe **euch** eine E-Mail geschickt. Hast du **sie** gelesen?
– Nein, ich habe **sie** nicht gelesen.
– Ach wirklich? Unsere Großeltern laden **uns** ein. Wir müssen **ihnen** gleich antworten.
– Einverstanden. Aber sag' **mir**: wann (laden sie uns ein)?

	Person	verbundene Pronomen			unverbundene Pronomen
		Subjekt	direktes Objekt	indirektes Objekt	
Sg.	1.	**je**	**me / m'**	**me / m'**	**moi**
	2.	**tu**	**te / t'**	**te / t'**	**toi**
	3.	**il / elle / on**	**le / l' / la**	**lui**	**lui / elle**
Pl.	1.	**nous**	**nous**	**nous**	**nous**
	2.	**vous**	**vous**	**vous**	**vous**
	3.	**ils / elles**	**les**	**leur**	**eux / elles**

Direktes oder indirektes Objekt? Achte auf den Unterschied zum Deutschen.

demander **à qn**	**jemanden** fragen/bitten	écouter **qn**	**jemandem** zuhören
téléphoner **à qn**	**jemanden** anrufen	rencontrer **qn**	**jemandem** begegnen
aider **qn**	**jemandem** helfen		
applaudir **qn**	**jemandem** applaudieren	jouer **de qc** (jouer du piano)	etwas spielen **(Instrument)**
croire **qn**	**jemandem** glauben	jouer **à qc** (jouer au foot)	etwas spielen **(Spiel)**

4. Die Verneinung – *La négation*

ne … pas **ne … jamais** **ne … plus**	Il **ne** travaille **pas**. Il **n'**a **jamais** travaillé. Il **ne** va **plus** travailler.	… nicht. … nie(mals). … nicht mehr
ne … pas encore **ne … pas du tout** **ne … pas non plus**	Il **n'**a **pas encore** fini ses devoirs. Cela **ne** me plaît **pas du tout**. Tu as raison. Cela **ne** me plaît **pas non plus**.	… noch nicht … überhaupt nicht … auch nicht
ne … rien	Tu **ne** fais **rien**. Tu **n'**as **rien fait**. Tu **ne** vas **rien faire**.	… nichts
ne … personne	Je **ne** vois **personne**. Je **n'**ai **vu personne**. Je **ne** veux **voir personne**.	… niemand

Vous avez **un** chat? Vous avez **des** chiens?	Non, nous **n'**avons **pas de** chat. Non, nous **n'**avons **pas de** chiens.	... haben **keine** Katze. ... haben **keine** Hunde.
Tu **aimes les** araignées? * Sur la photo, ce **sont des** amis? Ils ont __ peur?	Non, je **n'**aime **pas les** araignées. Non, ce **ne** sont **pas des** amis. Non, ils n'ont pas __ peur.	... mag **keine** Spinnen. ... sind **keine** Freunde. ... haben **keine** Angst.

* Ebenso bei *adorer, détester* und *préférer*

5. Form und Stellung des Adjektivs – *La forme et la place de l'adjectif*

a Formen:

	m.	f.
Sg.	content	content**e**
Pl.	content**s**	content**es**

↓ allemand, intéressant ...

	m.	f.
Sg.	bleu	bleu**e**
Pl.	bleu**s**	bleu**es**

↓ joli, vrai ...

	m.	f.
Sg.	vide	vide
Pl.	vide**s**	vide**s**

↓ autre, malade ...

	m.	f.
Sg.	mignon	mignon**ne**
Pl.	mignon**s**	mignon**nes**

↓ bon, italien ...

	m.	f.
Sg.	délicieux	délicieu**se**
Pl.	délicieux	délicieu**ses**

↓ amoureux, jaloux ...

	m.	f.
Sg.	gris	gris**e**
Pl.	gris	gris**es**

↓ français, mauvais ...

	m.	f.
Sg.	dernier	derni**ère**
Pl.	dernier**s**	derni**ères**

↓ cher, premier

	m.	f.
Sg.	national	national**e**
Pl.	nation**aux**	national**es**

↓ cordial, principal ...

Sonderformen:

blanc / blanche faux / fausse gros / grosse long / longue sportif / sportive sympa / sympa *(fam.)*	beau / bel / belle nouveau / nouvel / nouvelle vieux / vieil / vieille (vgl. **G 29**) Ebenso: fou / fol / folle	**unveränderlich:** marron orange super

b Stellung der Adjektive:

Die **meisten** Adjektive stehen **nach** dem Nomen: *C'est une idée* ***intéressante***.

Nur **wenige** Adjektive stehen **vor** dem Nomen: *C'est une* ***bonne*** *idée*. Zu dieser Gruppe gehören:

autre	bon	grand	vieux	long	beau	gros
dernier	mauvais	petit	jeune	nouveau	joli	

6. Die Präpositionen – *Les prépositions*

Elle attend sa famille **à** la gare.	**an/am**	… **am** Bahnhof.
Qu'est-ce que tu fais **lundi**?		… **am** Montag?
Il met le journal **sur** la table.	**auf**	… **auf** den Tisch.
Ne joue pas **dans** la rue.		… **auf** der Straße.
Tu écris la carte postale **en** français?		… **auf** Französisch?
Il attend **le bus** pour Paris.		… **auf** den Bus nach Paris.
Elle va **en** roller au collège.		… **auf** Rollschuhen …
Elle m'appelle **sur** mon portable.		… **auf** meinem Handy
Tout le monde est là, **sauf** mon frère.	**außer**	… **außer** meinem Bruder.
Je suis **chez** mon amie/le médecin.	**bei**	… **bei** meiner Freundin/**beim** Arzt.
Je suis **chez** moi.		… **bei** mir/**zu Haus.**
Elle a toujours son portable **avec** elle.		… **bei** sich.
Il travaille **de** 2 heures **à 6** heures.	**bis**	… **von** 2 Uhr **bis** 6 Uhr.
Mais elle, elle travaille **jusqu'à** 7 heures.		… **bis** 7 Uhr.
A demain!		**Bis** morgen!
Voilà un cadeau **pour** toi.	**für**	… **für** dich.
Voilà un argument **contre** le déménagement.	**gegen**	… **gegen** den Umzug.
Le portable est **dans** mon sac.	**in/ins/im**	… **in** meiner Tasche.
L'Arc de triomphe est **à** Paris, **en** France.		… **in** Paris *(Stadt)*, **in** Frankreich *(Land)*.
Ils habitent **rue Trousseau**.		… **in** der Trousseau-Straße.
Dimanche, on va **au** cinéma.		… **ins** Kino.
Il aime se promener **en** ville.		… **in** der Stadt
En été, on va **en** vacances **à** la montagne.		**Im** Sommer fahren wir **in** Urlaub **ins** Gebirge.

Révisions

Mon anniversaire est **en** juillet. J'ai trouvé des informations **sur** Internet.		... **im** Juli. ... **im** Internet.
Parle **avec** elle. Il arrive **en** voiture. Tu vas **à** vélo au collège?	**mit**	... **mit** ihr. ... **mit** dem Auto. ... **mit** dem Fahrrad ...?
Mardi, il ne rentre pas **à** la maison. **Après** le repas, elle joue au tennis. Il attend le bus **pour** Paris.	**nach**	... **nach** Hause *(örtlich)*. **Nach** dem Essen, ... *(zeitlich)*. ... auf den Bus **nach** Paris.
Devant la maison, il y a un arbre. **Avant** les vacances, on travaille beaucoup.	**vor**	**Vor** dem Haus ... *(örtlich)*. **Vor** den Ferien ... *(zeitlich)*.
Derrière la maison, il y a un square.	**hinter**	**Hinter** dem Haus ...
Près de la maison, il y a un square. **A côté du** cinéma, il y a une boulangerie.	**neben/nahe bei**	**Neben/Nahe bei** dem Haus ... **Neben** dem Kino ...
Mes amis sont partis **sans** moi.	**ohne**	... **ohne** mich.
Elle habite ici **depuis** deux mois.	**seit**	... **seit** zwei Monaten.
Le professeur pose des questions **sur** le texte.	**über**	... **über** den Text.
Le chien est **sous** la table.	**unter**	... **unter** dem Tisch.
Il ne faut pas jouer **pendant** les cours.	**während**	... **während** des Unterrichts.
Elle habite **entre** le Capitole **et** la Garonne.	**zwischen**	... **zwischen** dem Capitole und der Garonne.

7. Die Zahlen – *Les nombres*

0	zéro	20	vingt	100	cent
1	un / une	21	vingt et un / une	101	cent un / une
2	deux	22	vingt-deux	200	deux cents
3	trois	30	trente	201	deux cent un / une
4	quatre	31	trente et un / une	202	deux cent deux
5	cinq	32	trente-deux	223	deux cent vingt-trois
6	six	40	quarante	300	trois cents
7	sept	41	quarante et un / une	400	quatre cents
8	huit	42	quarante-deux	500	cinq cents
9	neuf	50	cinquante	600	six cents
10	dix	51	cinquante et un / une	700	sept cents
11	onze	52	cinquante-deux	800	huit cents
12	douze	60	soixante	900	neuf cents
13	treize	61	soixante et un / une	999	neuf cent quatre-vingt-dix-neuf
14	quatorze	62	soixante-deux	1 000	mille
15	quinze	69	soixante-neuf	1 001	mille un / une
16	seize	70	soixante-dix	1 100	mille cent
17	dix-sept	71	soixante et onze	2 000	deux mille
18	dix-huit	72	soixante-douze	2 200	deux mille deux cents
19	dix-neuf	79	soixante-dix-neuf	2 202	deux mille deux cent deux
		80	quatre-vingts	10 000	dix mille
		81	quatre-vingt-un / -une	200 000	deux cent mille
		82	quatre-vingt-deux	999 999	neuf cent quatre-vingt-dix-neuf mille neuf cent quatre-vingt-dix-neuf
		89	quatre-vingt-neuf		
		90	quatre-vingt-dix		
		91	quatre-vingt-onze		
		92	quatre-vingt-douze		
		99	quatre-vingt-dix-neuf		

In Frankreich werden alle zusammengesetzten Zahlen immer häufiger mit Bindestrich geschrieben,
z. B.: 271 = *deux-cent-soixante-et-onze.*

Regelmäßige Verben – *Les verbes réguliers*

1. Die Verben auf *-er*

Infinitiv	Präsens		Imperativ	Passé composé
chercher (suchen)	je **cherche** tu **cherches** il/elle/on **cherche**	nous **cherchons** vous **cherchez** ils/elles **cherchent**	Cherche. Cherchons. Cherchez.	j'ai **cherché**

Ebenso: alle regelmäßigen Verben auf **-*er***.
Beachte: Von den regelmäßigen Verben auf **-*er*** bilden die folgenden Verben das ***Passé composé*** mit ***être***: **arriver** (ankommen), **entrer** (eintreten), **rentrer** (zurückkehren), **monter** (hinaufsteigen), **rester** (bleiben), **retourner** (umkehren), **tomber** (fallen).

2. Die Verben auf *-er* mit Besonderheiten

acheter (kaufen) (G 4)	j' **achète** tu **achètes** il/elle/on **achète**	nous **achetons** vous **achetez** ils/elles **achètent**	Achète. Achetons. Achetez.	j'ai **acheté**

Ebenso: **se lever** (aufstehen), **se promener** (spazieren gehen); zum *Passé composé* vgl. G 50.

préférer (vorziehen) (G 37)	je **préfère** tu **préfères** il/elle/on **préfère**	nous **préférons** vous **préférez** ils/elles **préfèrent**	Préfère ... Préférons ... Préférez ...	j'ai **préféré**

Ebenso: **répéter** (wiederholen)

appeler (rufen/anrufen) (G 4)	j' **appelle** tu **appelles** il/elle/on **appelle**	nous **appelons** vous **appelez** ils/elles **appellent**	Appelle ... Appelons ... Appelez ...	j'ai **appelé**
payer (bezahlen) (G 37)	je **paie** tu **paies** il/elle/on **paie**	nous **payons** vous **payez** ils/elles **paient**	Paie. Payons. Payez.	j'ai **payé**
commencer (anfangen) (G 5)	je **commence** tu **commences** il/elle/on **commence**	nous **commençons** vous **commencez** ils/elles **commencent**	Commence. Commençons. Commencez.	j'ai **commencé**

Ebenso: **annocer** (ankündigen)

manger (essen)	je **mange** tu **manges** il/elle/on **mange**	nous **mangeons** vous **mangez** ils/elles **mangent**	Mange. Mangeons. Mangez.	j'ai **mangé**

Ebenso: **bouger** (sich bewegen), **changer** (wechseln / umsteigen), **déménager** (umziehen), **ranger** (aufräumen)

3. Die Verben auf *-dre*

Infinitiv	Präsens		Imperativ	Passé composé
répondre (antworten) (G 1)	je **réponds** tu **réponds** il/elle/on **répond**	nous **répondons** vous **répondez** ils/elles **répondent**	Réponds. Répondons. Répondez.	j'ai **répondu**

Ebenso: **attendre** (warten), **descendre*** (aussteigen), **entendre** (hören), **perdre** (verlieren), **vendre** (verkaufen)

4. Die Verben auf *-ir* mit Stammverkürzung

dormir (schlafen) (G 13)	je **dors** tu **dors** il/elle/on **dort**	nous **dormons** vous **dormez** ils/elles **dorment**	Dors. Dormons. Dormez.	j'ai **dormi**

Ebenso: **partir*** (weggehen / abfahren), **sortir*** (hinausgehen)

5. Die Verben auf *-ir* mit Stammerweiterung

finir (beenden) (G 32)	je **finis** tu **finis** il/elle/on **finit**	nous **finissons** vous **finissez** ils/elles **finissent**	Finis. Finissons. Finissez.	j'ai **fini**

Ebenso: **applaudir** (Beifall klatschen), **choisir** (wählen / aussuchen), **réfléchir** (überlegen), **réussir** (gelingen)

* Diese Verben bilden das *Passé composé* mit *être*. Achte auf die Angleichung des *Participe passé* ans Subjekt (→ G 15).

Unregelmäßige Verben – *Les verbes irréguliers*

Infinitiv	Präsens		Imperativ	Passé composé	
aller	je **vais** tu **vas** il/elle/on **va**	nous **allons** vous **allez** ils/elles **vont**	**Va**. Allons. Allez.	je **suis** **allé/allée**	gehen
avoir	j' **ai** tu **as** il/elle/on **a**	nous **avons** vous **avez** ils/elles **ont**		**j'ai eu**	haben

Infinitiv	Präsens				Imperativ	Passé composé	
boire (G 39)	je tu il/elle/on	**bois** **bois** **boit**	nous vous ils/elles	**buvons** **buvez** **boivent**	Bois. Buvons. Buvez.	**j'ai bu**	trinken
conduire (G 51)	je tu il/elle/on	**conduis** **conduis** **conduit**	nous vous ils/elles	**conduisons** **conduisez** **conduisent**	Conduis. Conduisons. Conduisez.	**j'ai conduit**	fahren/ lenken

Ebenso: **construire** (bauen)

Infinitiv	Präsens				Imperativ	Passé composé	
connaître (G 23)	je tu il/elle/on	**connais** **connais** **connaît**	nous vous ils/elles	**connaissons** **connaissez** **connaissent**		**j'ai connu**	kennen
courir (G 49)	je tu il/elle/on	**cours** **cours** **court**	nous vous ils/elles	**courons** **courez** **courent**	Cours. Courons. Courez.	**j'ai couru**	laufen
croire (G 46)	je tu il/elle/on	**crois** **crois** **croit**	nous vous ils/elles	**croyons** **croyez** **croient**	Crois … Croyons … Croyez …	**j'ai cru**	glauben
devoir (G 17)	je tu il/elle/on	**dois** **dois** **doit**	nous vous ils/elles	**devons** **devez** **doivent**		**j'ai dû**	sollen/ müssen
dire (G 2)	je tu il/elle/on	**dis** **dis** **dit**	nous vous ils/elles	**disons** **dites** **disent**	Dis. Disons. **Dites**.	**j'ai dit**	sagen
écrire	j' tu il/elle/on	**écris** **écris** **écrit**	nous vous ils/elles	**écrivons** **écrivez** **écrivent**	Ecris. Ecrivons. Ecrivez.	**j'ai écrit**	schreiben
envoyer (G 4)	j' tu il/elle/on	**envoie** **envoies** **envoie**	nous vous ils/elles	**envoyons** **envoyez** **envoient**	Envoie … Envoyons … Envoyez …	**j'ai envoyé**	schicken
être	je tu il/elle/on	**suis** **es** **est**	nous vous ils/elles	**sommes** **êtes** **sont**		**j'ai été**	sein
faire	je tu il/elle/on	**fais** **fais** **fait**	nous vous ils/elles	**faisons** **faites** **font**	Fais … Faisons … **Faites** …	**j'ai fait**	machen
lire	je tu il/elle/on	**lis** **lis** **lit**	nous vous ils/elles	**lisons** **lisez** **lisent**	Lis. Lisons. Lisez.	**j'ai lu**	lesen
mettre (G 9)	je tu il/elle/on	**mets** **mets** **met**	nous vous ils/elles	**mettons** **mettez** **mettent**	Mets … Mettons … Mettez …	**j'ai mis**	setzen/ stellen/ legen

Infinitiv	Präsens		Imperativ	Passé composé	
ouvrir	j' **ouvre** tu **ouvres** il/elle/on **ouvre**	nous **ouvrons** vous **ouvrez** ils/elles **ouvrent**	Ouvre. Ouvrons. Ouvrez.	j'**ai ouvert**	öffnen

Ebenso: **découvrir** (entdecken)

Infinitiv	Präsens		Imperativ	Passé composé	
plaire (G 24)	je **plais** tu **plais** il/elle/on **plaît**	nous **plaisons** vous **plaisez** ils/elles **plaisent**		j'**ai plu**	gefallen
pouvoir	je **peux** tu **peux** il/elle/on **peut**	nous **pouvons** vous **pouvez** ils/elles **peuvent**		j'**ai pu**	können
prendre	je **prends** tu **prends** il/elle/on **prend**	nous **prenons** vous **prenez** ils/elles **prennent**	Prends … Prenons … Prenez …	j'**ai pris**	nehmen

Ebenso: **apprendre** (lernen), **comprendre** (verstehen)

Infinitiv	Präsens		Imperativ	Passé composé	
recevoir (G 18)	je **reçois** tu **reçois** il/elle/on **reçoit**	nous **recevons** vous **recevez** ils/elles **reçoivent**	Reçois … Recevons … Recevez …	j'ai re**çu**	erhalten/ empfangen
rire (G 33)	je **ris** tu **ris** il/elle/on **rit**	nous **rions** vous **riez** ils/elles **rient**	Ris. Rions. Riez.	j'**ai ri**	lachen
savoir	je **sais** tu **sais** il/elle/on **sait**	nous **savons** vous **savez** ils/elles **savent**		j'**ai su**	wissen
venir (G 14)	je **viens** tu **viens** il/elle/on **vient**	nous **venons** vous **venez** ils/elles **viennent**	Viens. Venons. Venez.	je **suis venu/ venue**	kommen
vivre (G 22)	je **vis** tu **vis** il/elle/on **vit**	nous **vivons** vous **vivez** ils/elles **vivent**	Vis. Vivons. Vivez.	j'**ai vécu**	leben
voir (G 12)	je **vois** tu **vois** il/elle/on **voit**	nous **voyons** vous **voyez** ils/elles **voient**	Vois … Voyons … Voyez …	j'**ai vu**	sehen

Ebenso: **revoir** (wiedersehen)

Infinitiv	Präsens		Imperativ	Passé composé	
vouloir	je **veux** tu **veux** il/elle/on **veut**	nous **voulons** vous **voulez** ils/elles **veulent**		j'**ai voulu**	wollen

Verzeichnis der grammatischen Begriffe – Registre des terminologies

- In der linken Spalte findest du die Begriffe, die in den Grammatischen Beiheften verwendet werden. Das „G“ verweist auf die Stelle, an der du in diesem Heft etwas über den Begriff erfährst.
- In der mittleren Spalte findest du Bezeichnungen, die du vielleicht aus dem Deutschunterricht kennst. Manchmal stehen dort auch Begriffe, die zwar in dieser Grammatik nicht verwendet werden, jedoch möglicherweise von deiner Lehrerin/deinem Lehrer gebraucht werden.
- In der rechten Spalte findest du die französischen Entsprechungen sowie französische Beispiele.

Verwendete Bezeichnungen	Entsprechungen	Französische Bezeichnungen und Beispiele
der *accent*	der Akzent	***l'accent*** *(m.)* *l'accent* ***aigu****: Th**é**o* *l'accent* ***grave****: coll**è**ge; o**ù**; l**à*** *l'accent* ***circonflexe****: thé**â**tre;* *s'il te pla**î**t*
der *accord* (G 16, 26)	die Angleichung / die Veränderlichkeit	***l'accord*** *(m.):* ***La*** *porte est vert**e**.* / ***Emma*** *est parti**e**.*
das Adjektiv (G 29)	das Eigenschaftswort	***l'adjectif*** *(m.):* *une* ***grande*** *salle; la salle est* ***grande****;* *un chien* ***content****; des robes* ***vertes***
die adverbiale Bestimmung	die Umstandsbestimmung (der Zeit, des Ortes)	***le complément circonstanciel****:* *Il va au collège* ***à neuf heures****.* ***Dans le magasin****, il vole un CD.*
der Apostroph	das Auslassungszeichen	***l'apostrophe*** *(f.):* ***l'****arbre;* ***j'****aime;* ***j'****habite*
der Artikel **– bestimmter ~** (G 27) **– unbestimmter ~** (G 27)	das Geschlechtswort	***l'article*** *(m.):* *~* ***défini****:* ***le*** *copain;* ***la*** *copine;* ***l'****ami /* ***l'****amie* ***les*** *copains /* ***les*** *copines;* *~* ***indéfini****:* ***un*** *copain;* ***une*** *copine;* ***des*** *copains /* ***des*** *copines*
der Aussagesatz		***la phrase déclarative****:* *Emma est une fille.*
der Begleiter (G 27, 28, 31)	Wörter, die nur in Verbindung mit einem Nomen vorkommen und diesem vorausgehen	***le déterminant****:* ***Cette*** *fille est* ***une*** *copine de Cécile.* *Valentin adore* ***les*** *avions.* ***Tous*** *les matins, Luc aide* ***sa*** *mère.*
die Bindung (G 1)		***la liaison****: des‿arbres* [dezaʀbʀ]
die *cédille*		***la cédille****: gar**ç**on; **ç**a*
der Demonstrativbegleiter (G 27)	das hinweisende Fürwort	***l'adjectif / le déterminant démonstratif****: Qui est* ***ce*** *garçon?*
die Endung (des Verbs) (G 13, 32)		***la terminaison*** *(du verbe):* *nous part**ons**, j'ai regard**é***

quatre-vingt-quatre

Verzeichnis der grammatischen Begriffe – Registre des terminologies

Verwendete Bezeichnungen	Entsprechungen	Französische Bezeichnungen und Beispiele
die Entscheidungsfrage (G 42)	die Frage ohne Fragewort / die Gesamtfrage / die Ja-Nein-Frage	***l'interrogation*** *(f.)* ***globale****:* *Emma est dans la cour**?*** *Est-ce que Nathalie a un chien?*
die Ergänzungsfrage (G 42)	die Frage mit Fragewort / die Teilfrage / die Wortfrage / die W-Frage	***l'interrogation partielle****:* ***Que*** *fait Christian?* *Tu t'appelles* ***comment****?* ***Quand est-ce que*** *Christian arrive?*
die *Est-ce que*-Frage (G 42)	die Umschreibungsfrage	***l'interrogation avec*** **«est-ce que»**: ***Est-ce que*** *Malika aime le foot?* *Qu'****est-ce qu'****elle fait aujourd'hui?*
das Femininum (G 21)	das weibliche Geschlecht	***féminin / le genre féminin****:* ***une*** *petite rue;* ***toute la*** *famille*
der Fragebegleiter (G 28)	der Interrogativbegleiter	***l'adjectif / le déterminant interrogatif****:* *Il est* ***quelle*** *heure?*
der Fragesatz		***la phrase interrogative****: Qui est-ce?*
das *Futur composé* (G 6, 34)		***le futur composé****:* *Demain, je* ***vais regarder*** *la télé.*
das Genus (G 16)	das (grammatische) Geschlecht (= maskulin / feminin)	***le genre****:* ***un*** *copain;* ***une*** *copine*
der Hauptsatz (G 25)		***la proposition principale****:* ***Il ne vient pas*** *parce qu'il est malade.*
das Hilfsverb (G 6, 15)		***le verbe auxiliaire****:* *j'****ai*** *regardé; je* ***suis*** *venu(e)*
der Imperativ (G 45)	die Befehlsform	***l'impératif*** *(m.):* *Regarde. Ecrivons. Répondez.* *Ecoute-moi. Ne m'écoute pas.*
die indirekte Frage (G 42)	die wiedergegebene Frage	***l'interrogation indirecte****:* ***Fabien demande si*** *Cécile chante bien.*
die indirekte Rede (G 41)	die wiedergegebene Rede	***le discours indirect****:* ***Fabien dit que*** *Cécile chante bien.*
der Infinitiv (G 1)	die Grundform (des Verbs)	***l'infinitif*** *(m.):* *chercher; aller; être; vouloir*
die Intonationsfrage	die Frage mithilfe der Satzmelodie	***l'interrogation par intonation****:* *Emma habite à Toulouse?*
die Konjugation	die Beugung des Zeitwortes	***la conjugaison****:* *je regard****e****, tu regard****es****, etc.*

Verwendete Bezeichnungen	Entsprechungen	Französische Bezeichnungen und Beispiele
die Konjunktion (G41, 42)	das Bindewort	***la conjonction:*** *Je trouve* ***que*** *c'est bizarre.* *Il ne vient pas* ***parce qu****'il est malade.*
der Konsonant (G27)	der Mitlaut	***la consonne:*** *b; c; d; f; g; etc.*
das Maskulinum (G21)	das männliche Geschlecht	***masculin / le genre masculin:*** ***un*** *ami;* ***un*** *chien*
der Nebensatz	der abhängige Satz	***la proposition subordonnée:*** *Il ne vient pas* ***parce qu'il est malade.***
das Nomen	das Substantiv / das Hauptwort / das Namenwort	***le nom / le substantif:*** *le* ***copain****; la* ***rue***
der Numerus (G16)	die Zahl (= Singular und Plural)	***le nombre:*** ***un*** *chien;* ***des*** *chien****s***
das Objekt (G19, 30, 47) **– direktes ~** **– indirektes ~**	die Satzergänzung das Akkusativobjekt das Dativobjekt	***l'objet:*** *– ~* ***direct****: Malika regarde* ***Christian.*** *– ~* ***indirect****: Emma parle* ***à son père.***
das Objektpronomen (G19, 21, 30) **– direktes ~** **– indirektes ~**	das Personalpronomen / das Fürwort als Satzergänzung	***le pronom objet:*** *– ~* ***direct:*** *Il* ***la*** *regarde.* *– ~* ***indirect:*** *Elle* ***lui*** *téléphone.*
die Ordnungszahlen (G44)	die Ordinalzahlen	***les nombres ordinaux:*** *J'habite au* ***troisième*** *étage.*
das *Participe passé* (G6, 7, 8, 15)	das Partizip Perfekt / das Partizip II / das Mittelwort der Vergangenheit	***le participe passé:*** *donn****é****; attend****u****; sort****i****; compr****is***
das *Passé composé* (G6, 8, 15)	die „zusammengesetzte Vergangenheit" / das Perfekt	***le passé composé:*** ***j'ai travaillé****; je* ***suis arrivé(e)***
das Personalpronomen (G48) **– verbundenes ~** **– unverbundenes ~**	das persönliche Fürwort	***le pronom personnel:*** ***– conjoint:*** ***Tu*** *parles trop.* ***– disjoint:*** ***Toi****, tu parles trop.*
der Plural	die Mehrzahl	***le pluriel:*** ***les*** *voiture****s****;* ***des*** *cadeau****x***
der Possessivbegleiter (G27)	das besitzanzeigende Fürwort / das adjektivische Possessivpronomen	***l'adjectif / le déterminant possessif:*** ***mon*** *frère;* ***ta*** *sœur;* ***son*** *amie …* ***leur*** *maison;* ***leurs*** *maisons*
die Präposition (G48)	das Verhältniswort	***la préposition:*** ***à*** *Paris;* ***avec*** *toi;* ***sur*** *un banc*
das Präsens (G6)	die Gegenwart	***le présent:*** *Je* ***suis*** *Christian.* ***J'aime*** *dessiner.*
das Pronomen (G36)	das Fürwort	***le pronom:*** *Je* ***le*** *sais. /* ***J'en*** *prends deux kilos.*

Verwendete Bezeichnungen	Entsprechungen	Französische Bezeichnungen und Beispiele
das reflexive Verb (G 50)	das rückbezügliche Verb	***le verbe pronominal (les verbes pronominaux):*** *Nous* ***nous amusons*** *bien.*
das Reflexivpronomen (G 50)	das rückbezügliche Fürwort	***le pronom réfléchi:*** *Victor* ***se*** *cache.*
das Relativpronomen (G 25)	das bezügliche Fürwort, das einen Relativsatz einleitet	***le pronom relatif:*** *Emma est une fille* ***qui*** *est très sportive.* *Paris est une ville* ***où*** *je vais souvent.*
der Relativsatz (G 25)	der Nebensatz, der sich auf den Hauptsatz bezieht (= Bezugssatz)	***la phrase relative:*** *Emma est une fille* ***qui est très sportive.*** *Paris est une ville* ***où je vais souvent.***
der Singular	die Einzahl	***le singulier:*** ***un*** *voisin*
der Stamm (des Verbs) (G 13, 32)		***le radical*** *(du verbe): nous* ***part****ons, j'****achè****te; nous* ***achet****ons*
das „stumme h“ (G 25)	das französische „h“, das nicht ausgesprochen und vor dem z. B. der bestimmte Artikel apostrophiert wird	***le „h muet“:*** *l'****h****istoire*
das Subjekt (G 16, 47)	der Satzgegenstand	***le sujet:*** ***Christian*** *aime les dessins.*
das Subjektpronomen (G 48)	das Personalpronomen / das Fürwort als Satzgegenstand	***le pronom sujet:*** ***je; tu; il; elle; on; nous; vous; ils; elles***
der Teilungsartikel (G 35)		***l'article partitif:*** *J'achète* ***du*** *lait et* ***de la*** *farine.*
der unbestimmte Begleiter (G 31)		***l'adjectif / le déterminant indéfini:*** *Il cherche dans* ***toute*** *la maison.*
die Veränderlichkeit (des *Participe passé*) (G 16, 26)	die Angleichung	***l'accord*** *(du participe passé):* *Victor est arriv****é****. / Emma est arriv****ée****.*
das Verb (G 1) **– regelmäßiges ~** (G 1, 13, 32) **– unregelmäßiges ~** (G 1, 7) **– konjugiertes ~** (G 11)	das Zeitwort die Personalform des Zeitwortes	***le verbe:*** *être; regarder; pouvoir; etc.* – ***~ régulier:*** *regarder, attendre, dormir* – ***~ irrégulier:*** *être, avoir, faire* – ***~ conjugué:*** *Je ne* ***peux*** *plus travailler.* *Je l'****ai*** *donné à ton frère.*
die Verneinung (G 11, 38)		***la négation:*** *Je* ***ne*** *sais* ***pas****. / Je* ***ne*** *peux* ***rien*** *voir.*
der Vokal	der Selbstlaut	***la voyelle:*** *a; e; i; o; u; y*
die Zahlen (G 3, 10, 43)	die Grundzahlen / die Kardinalzahlen	***les nombres:*** *un, deux, trois, quatre …*